Räuchern mit Kräutern
von Wiesen und Weiden

Räuchern mit Kräutern
von Wiesen und Weiden

Von

Tamara Hayndal

Impressum

Räuchern mit Kräutern von Wiesen und Weiden

© 2014 Tamara Hayndal

Herstellung und Verlag: BoD - Books on Demand, Norderstedt

Umschlaggestaltung: Tamara Hayndal

alle Fotos von Tamara Hayndal

Bibliografische Information der Deutschen Nationalbibliothek:

Die Deutsche Nationalbibliothek verzeichnet diese Publikation in der Deutschen Nationalbibliografie; detaillierte bibliografische Daten sind im Internet über http://dnb.d-nb.de abrufbar.

Printed in Germany

ISBN 978-3-735-78230-4

MIX
Papier aus verantwortungsvollen Quellen
Paper from responsible sources
FSC® C105338
FSC
www.fsc.org

Inhalt

Vom Geist der Kräuter

Kräuter können wir vielfältig nutzen, sie schmecken uns in der Küche als Gemüse, Salat oder Gewürz; sie erfreuen uns, wenn sie blühen, manche sogar noch als Strohblumen. Darüber hinaus sind viele von ihnen voller wundervoller Arzneiwirkstoffe gegen alle möglichen Krankheiten, sie helfen uns bei der Heilung oder sie verschaffen uns Linderung. Außerdem haben viele von ihnen Öle, Harze und andere aromatische Stoffe, wie jeder weiß, der schon mal an einer duftenden Blüte gerochen hat.

Räucherrituale sind so alt wie die Menschheit und die Verwendung des Feuers. Jeder riecht die verschiedensten Düfte, die ein Feuer verströmt, je nach dem, welches Holz man auflegt. Was für das Feuerholz gilt, gilt besonders für Kräuter und Duftstoffe, die man absichtlich für einen ganz besonderen Duft verwendet.

Bei Räucherungen denken die meisten an Weihrauch, Myrrhe und Ambra, all die teuren, exotischen Substanzen aus fernen Ländern. Aber auch in unseren Breiten wachsen wundervolle Pflanzen, die sich für eine Räucherung sehr gut eignen. Für uns sind Kräuter und Sträucher wie die Hagebutte so selbstverständlich, dass kaum jemand auf die Idee kommt, Hagebuttenblätter zur Räucherung zu verwenden.

Schauen wir uns aufmerksam an, was im eigenen Garten wächst, auf Wiesen, im Park, im Wald – und beachten wir auch das, was zwischen den Steinritzen blüht und gedeiht. Überall wachsen Wildpflanzen, die sich zum Räuchern eignen.

In diesem Buch sind einige Kräuter und Sträucher zusammengestellt, die jeder leicht finden kann. Nach einer allgemeinen Vorstellung der Pflanzen folgt die Beschreibung ihrer magischen Kraft. Dann nenne ich einige Anlässe oder Rituale, für die sie genutzt werden können. Einige Rituale habe ich exemplarisch in diesem Buch beschrieben, damit Du ein Gefühl für die magische Arbeit mit Räucherstoffen bekommst, wenn Du noch wenig Erfahrung haben solltest.

Arbeitest Du selbst mit Ritualen, findest Du sicher hier einige Kräuter, die Dich bei Deinen Ritualen unterstützen können. Wenn Du einfach nur den Duft genießen möchtest, so findest Du hier sicher einen guten Überblick über die Kräuter unserer Heimat.

Sammeln der Kräuter

Nicht alles darf man sammeln, besonders in Naturschutzgebieten ist das Pflücken verboten. Suche die Kräuter im Garten oder am Wegesrand. Zerstöre nicht die ganze Pflanze, lass besonders die Wurzel heil, dann wächst das Kraut unter Umständen weiter, besonders wenn es eine mehrjährige Pflanze ist. Am besten schneidet man sie mit einem Kräutermesser ab. Der glatte Schnitt könnte für die Pflanze zu verkraften sein. Reißt man mit der Hand am Stängel, kann man entweder die ganze Pflanze entwurzeln oder der Stängel ist zäher als erwartet und knickt nur ab, ohne dass man ihn von der Pflanze trennen kann.

Trocknen

Lege die Kräuter auf ein Blatt Papier oder auf ein Löschpapier und lass sie einige Tage bis zu einer Woche in der Wohnung trocknen. Zerkleinere sie grob und fülle sie in ein Glas, in dem Du sie luftdicht verschließen kannst. Ein Tipp: beschrifte das Glas, denn sonst hast Du schnell den Überblick verloren, welches Kraut sich in welchem Glas befindet.

Räuchermethoden

Achte darauf, dass Du mit Deinem Räucherexperiment nicht die Wohnung in Brand setzt. Halte das Feuer oder die glühende Kohle fern von allen leicht entflammbaren Gegenständen wie Zeitungen oder Vorhänge.

Es gibt zwei häufige Methoden, um Kräuter zu verräuchern. Entweder nutzt man glühende Kohle oder ein Stövchen mit einem Sieb über einer Kerze. Es kommt ein wenig darauf an, für welche Operation Du Deine Räucherung verwenden willst, oder welche Methode Dir besser gefällt – keine ist richtig oder besser.

Räuchern auf der Kohle

Du brauchst eine feuerfeste Schale oder einen Teller, Sand und Räucherkohle, die es im Handel zu kaufen gibt. Sand kannst Du entweder aus dem Garten, vom

Strand von Flüssen oder dem Meeren nehmen oder Du kaufst bunten Sand in der Dekoabteilung. Fülle den Sand auf die feuerfeste Schale und lege die glühende Kohle darauf. Beachte, dass die Schale trotzdem sehr heiß werden kann, stelle sie also auf einen robusten, nicht brennbaren Untergrund, z. B. auf ein dickes Holzbrett.

Räuchern auf der Kohle – intensiv und direkt.

Entzünde die Kohle an ihrem Rand. Wenn Du empfindliche Finger hast, ist es einfacher, die Kohle mit einer Zange zu halten. Achte auf Funken, denn die Räucherkohle ist präpariert, so dass die Entzündung beschleunigt wird. Deshalb versprüht sie beim Anbrennen oft Funkern, u. U. bricht sie dabei sogar auseinander. Achte also auch hier auf einen festen Untergrund und lege alles leicht Entflammbare außer Reichweite – achte besonders auf Vorhänge und den Teppich. Während die Kohle anglüht, kann man mit einem Fächer oder einer Feder etwas Luft zufächeln, pass aber auf, dass keine heiße oder gar glühende Asche umherfliegt und Löcher in die Einrichtung brennt!

Wenn die Kohle gut durchgeglüht ist – das kann 20 Minuten oder länger dauern – legst Du das Rauchwerk direkt auf die Glut. Hier kann ein Löffel oder eine Zange nützlich sein, wenn Du Dich mit Deinen Fingern der Glut nicht nähern möchtest.

Der Rauch entwickelt sich sofort und ist sehr intensiv, aber das wenige Kraut, welches auf der Kohle Platz findet, ist auch schnell verbrannt.

Räuchern mit einem Sieb

Auf einem Gestell oder einem Stövchen liegt ein Sieb, auf dem die Rauchware gestreut wird. Unter dem Sieb steht eine Kerze, die das Rauchgut erhitzt. Das Stövchen ist leicht zu bedienen und die Kräuter lassen sich gefahrlos auflegen. Der Nachteil ist, dass sich das Sieb schlecht reinigen lässt, wenn die Kräuter sehr öl- oder harzhaltig sind, so dass diese Substanzen die Maschen leicht verkleben können.

Die Intensität ist nicht so stark, da sich die Hitze der Flamme über die Fläche des Siebes verteilt und eine Kerze – im Vergleich zur Kohle – nur eine schlichte Hitze abgibt. So lässt sich aber die Räucherung über einen längeren Zeitraum steuern. Außerdem können sich zarte Düfte besser entfalten und werden nicht sofort verbrannt.

Trotzdem Vorsicht: das Siebchen wird sehr schnell sehr heiß, so dass man sich leicht die Finger verbrennen kann!

Räucherrituale vorbereiten

Die Räucherung kann zu unterschiedlichsten Zwecken angewandt werden. Sie kann Dich für ein Ritual vorbereiten oder die magischen Gegenstände einsegnen. Sie kann Dich reinigen oder Dich in eine besondere Stimmung versetzen, so dass Du gut vorbereitet bist, sei es für ein Liebesritual, eine innere Reinigung, für das Anrufen von Geister oder für ein Orakel. Aber die Räucherung kann auch ein eigenständiges Ritual sein, bzw. im Mittelpunkt Deiner Operation stehen.

Eine Wirkung der Räucherung geschieht über den Geruchssinn. Dieser Sinn ist der archaischste, denn eigentlich riechen wir fast mit einem Teil unseres Gehirns (auf schlau: Bulbus und Tractus Olfactorius). Die Sinneseindrücke gelangen direkt in unser Unterbewusstsein, deshalb können wir diese Wahrnehmungen so schlecht beschreiben, eigentlich nur durch Vergleiche, von denen wir wissen, dass sie andere Menschen auch kennen (fruchtig, wie Aceton ...) oder wir bedienen uns anderer Sinneseindrücke wie dem Geschmack (scharf, süßlich ...). Diese emotionale Wahrnehmung der Gerüche birgt eine große Möglichkeit: der Geruch berührt uns in unserem Inneren und hat Zugang zu unserer Seele. Somit ist eine Räucherung in jedem Falle dazu geeignet, die Stimmung und das Ritual, das Du zelebrierest, zu verstärken. Kaum eine andere magische Methode ist so sehr geeignet, bei einer Meditation Bilder im Innern hervorzurufen und Assoziationen heraufzubeschwören. Gerade bei Orakeln ist eine Räucherung sehr effektiv!

Abgesehen von unserem Geruchssinn funktioniert die Räucherung durch die elementaren Kräfte des Universums: Rauch steigt in die Luft, der Rauch ist leicht und flüchtig und bedient das Element Luft. Das Feuer gibt ihm erst die Energie, in den Äther emporzusteigen. Die Pflanze, die verräuchert wird, wuchs einst aus dem Boden – dem Element Erde. Der Untergrund des Räucherstövchens oder der Sand unter der Kohle kann ebenfalls als Verkörperung der Erde gesehen werden. Die volatilen Substanzen, die ätherischen Öle, sind das Symbol des Wassers. Du kannst auch zur Unterstreichung der elementaren Kräfte zusätzliche Symbole um Deinen

Räucheraltar legen, um einzelne – oder alle Elemente – zu verstärken, wie z. B. eine Feder für die Luft, einen Kelch mit Wasser etc.

Mach Dir vor jedem Ritual bewusst, was Du bezwecken willst, z. B. *ich will Ruhe und Ausgeglichenheit finden.* Suche Dir eine Zeit und einen Ort aus, an dem Du ungestört bist und Du Dich wohl fühlst. Dämpfe das Licht, Kerzenschein ist sehr zu empfehlen! Wenn es Dir hilft, lege Musik auf, die Dich in Stimmung bringt. Versenke Dich einen Moment und bete oder meditiere. Ziel ist es, mit dem Anliegen und dem Ritual eins zu werden, manchmal kommt sogar das Gefühl auf, eins mit dem ganzen Kosmos zu werden: Du, der Rauch, die Welt um Dich herum – alle Grenzen verschwinden. Das ist eine hervorragende Situation, um Deine Wünsche der Weltseele mitzuteilen und Gehör zu finden und somit der Erfüllung Deines Anliegens ein Stückchen näher zu kommen.

Im Anschluss kannst Du erneut meditieren oder beten und reflektieren, was Du erlebt hast; schließe dann mit dem Ritual ab. Lüfte den Raum gut durch, derweil kannst Du alles für das anschließende Ritual herrichten, wenn die Räucherung der Vorbereitung dienen sollte.

Drei einfache Räucherrituale

Ich möchte hier exemplarisch drei kleine Rituale vorstellen. Du kannst sie nach Deinen Wünschen gerne anpassen – oder auch Deine eigenen Rituale entwerfen. Mache Dir zuvor ganz bewusst, was Du erreichen willst, was Dein Anliegen oder Dein Problem ist. Je genauer Du Deinen Wusch formulierst, desto exakter kann Dir geholfen werden.

Ziehe Dich an einen ruhigen Ort zurück. Richte das Zimmer gemütlich, sauber und aufgeräumt her. Es ist nicht gut, hastig in einer Waschküche, die nach Seife riecht, zu arbeiten. Unordnung stört und lenkt nur ab. Wähle also ein Zimmer, dass Dir passt und wo Du alleine bist – bzw. wo Du und Deine Verbündeten ungestört sein können, wenn Du mit anderen – Gleichgesinnten – zusammenarbeiten willst. Dämpfe das Licht und entzünde ein paar Kerzen – sie verströmen ein ideales, warmes Licht.

1. Ritual – Für die Liebe

Zünde drei oder vier Kerzen an, entzünde dann die Kohle oder bereite Dein Räucherstövchen vor und lege die Kräuter bereit, die Du verräuchern willst. Für ein Liebesritual eignet sich z. B. der Rainfarn.

Da gibt es einen Menschen, den Du näher kennen lernen möchtest. Stelle Dir ihn oder sie genau vor. Wie ist das Aussehen, das Gesicht der Person, wie spricht er/sie, wie bewegt er/sie sich, was trägt dieser Mensch? Lass die Person so lebendig vor Dir erscheinen wie möglich.

Welchen Wunsch hegst Du der Person gegenüber? Möchtest Du mit ihr/ihm ins Gespräch kommen? Sie/ihn näher kennen lernen? Oder eine Freundschaft? Oder eine Liebesbeziehung? Leidenschaften ausleben? Es ist wichtig, dass Du Dir darüber Gedanken machst, wie der erste Schritt aussehen könnte, wie ihr Kontakt schließen könntet, wie er/sie Dich wahrnimmt, vielleicht mittags in der Pause oder beim Bäcker oder bei einem Spaziergang.

Meditiere oder bete kurz, rufe die elementaren Geister an, z. B.: "Ich bitte euch, helft mir, meinen Wunsch zu erfüllen. Ich möchte so gerne mit N. N. ins Gespräch kommen, dass er/sie mich wahrnimmt, dass er/sie ebenfalls Gefühle für mich entwickelt, dass wir zusammenkommen und gemeinsam glücklich werden!"

Lege etwas Rainfarn auf und schau zu, wie der Rauch empor steigt. Nimm den Geruch, den das Kraut verströmt, bewusst wahr. Lass dabei das Bild des Menschen deutlich in Deinem Innern aufsteigen.

Wenn Du mit Kohle arbeitest, warte, bis das Kraut ganz verbrannt ist. Nimm dann eine neue kleine Portion und lege sie auf. Konzentriere Dich auf den Rauch und stell Dir vor oder sprich – vielleicht nur in Gedanken: "Dieser Rauch trägt meinen Wunsch empor zu Gott/Engel ... (oder an was Du glaubst)".

Lehn Dich entspannt zurück und schließe die Augen. Denke intensiv an den lieben Menschen. Sprich: "So wie der Rauch emporsteigt, so steigt auch seine/ihre Liebe zu mir". Lege dann eine dritte Portion auf.

Ist auch diese Portion verbrannt, so verharre noch einige Minuten. Danke dem Schöpfer, spüre die Energie, die Dich von oben durchströmt und versprich Dir, dass Du diese Kraft mit in den nächsten Tag nimmst und glaube an Deinen Erfolg. Lösche ganz bewusst die Kerzen, damit Dein Ritual damit abgeschlossen ist.

Lüfte danach den Raum gut durch und lasse damit alle Deine Wünsche hinaus in die Welt ziehen.

Vergiss nicht, dass die Kohle durchaus lange nachglühen kann, lass sie erst ganz kalt werden, bevor Du sie entsorgst und lass sie in dieser Zeit nicht unbeaufsichtigt.

2. Ritual – Unglück vertreiben

Suche einen geeigneten Raum und die Utensilien zusammen, die Du benötigst, zusätzlich noch eine Feder oder einen Fächer oder einen Wedel. Um "böse Mächte" zu vertreiben z. B. Schikane oder Mobbing aufzulösen und von Dir fernzuhalten, eignet sich der Spitzwegerich.

Visualisiere, was Dir solche Sorgen bereitet, vielleicht die Umgangsformen eines Nachbarn oder eines Kollegen. Stell Dir vor, wie sich die Dinge ändern und ihr miteinander auskommt und in Frieden miteinander leben werdet.

Lege das Kraut auf und lass den Rauch emporsteigen. Nimm eine Feder und wedele den Rauch nach Westen, wo die Sonne untergeht. Siehe, wie sich die Rauchfahne verwirbelt, sprich dann: "So wie die Rauchsäule zerbläst, so lösen sich auch meine Sorgen (oder der Hass der Person oder das, was Dir Sorgen bereitet) auf."

Wedele den Rauch nach Osten, wo die Sonne aufgeht, sprich: "Die aufgehende Sonne bringt Licht in mein Leben".

Wedele dann nach Süden, sprich: "Die Sonne spendet Kraft, damit sich mein Leben zum Guten wendet."

Wedele zum Schluss nach Norden und sprich: "Ich möchte standhaft sein und mich meinen Probleme stellen."

Genieße den Rauch, versenke Dich in Meditation, stell Dir vor, wie Du in Ruhe gelassen wirst und wie die Schikane aufhört und Du glücklich leben kannst und Dich nichts mehr aus der Ruhe bringen wird.

Lösche die Kerzen als Abschluss für Dein Ritual und lüfte den Raum gut durch.

3. Ritual – Kontakt zur Anderswelt

Suche einen geeigneten Raum und die Utensilien zusammen, die Du benötigst. Um einen Kontakt mit der Anderswelt zu schließen, eignet sich z. B. Hirtentäschel oder

Misteln. Die Stunde um Mitternacht in einer klaren Vollmondnacht ist für ein solches Ritual eine gut Zeit, wenn auch nicht zwingend nötig.

Wichtig ist, dass Du weißt, warum Du den Kontakt schließen willst. Vielleicht sollen Dir die Wesenheiten einen Wunsch erfüllen oder Dir eine Nachricht bringen. Vielleicht möchtest Du aber einfach nur ein Gefühl für diese Welt jenseits des sinnlich Erfahrbaren bekommen und die Anwesenheit feinstofflicher Wesen spüren.

Versenke Dich und horche still in Dich hinein. Vielleicht hilft Dir eine Konzentrationsübung, so dass Du ganz eins mit Dir selbst werden kannst. Das kann gerne 10 Minuten oder länger dauern.

Bitte die Wesen, die Engel oder welche Art Du auch anrufen möchtest, zu erscheinen und Dir ihre Anwesenheit spüren zu lassen.

Wenn Du bereit bist, begib Dich auf eine mythologische Reise. Visualisiere, wie Du bei klarem Wetter über ein freies Feld läufst. Stell Dir vor, wie der Weg zu einem Wald führt. Jetzt erreichst Du den Waldrand, doch dort steht ein Wesen, groß und stark. Er sagt, dass er Dich leider nicht in den Wald lassen kann, wenn Du ihm nichts mitgebracht hast. Nun muss Dein Geschenk in die feinstoffliche Welt. Lege etwas von dem Kraut auf, sieh wie sich der Rauch erhebt und rieche den Duft. Du nimmst physisch war, welches Geschenk Du dabei hast. Stell Dir vor, wie der Wächter Dich wohlgesonnen in den Wald lässt.

Mitten im Wald steht ein alter Tempel. Eine breite Treppe führt hinauf zu einem großen Eingangsportal. Steige die Treppe empor und mache auf Dich aufmerksam. Klopfe gegen die Türe und bitte um Einlass.

Um Deinen Wunsch zu unterstreichen, lege erneut etwas Kraut auf und verräuchere es. Stell Dir vor, wie der Rauch über die Mauern des Tempels zieht und die Nachricht Deiner Ankunft in den Tempel trägt. Visualisiere den Tempel mit vielen Details, wie ist die Türe beschaffen, wie der Türrahmen? Hörst Du etwas aus dem Inneren? Stell Dir vor, wie sich die Türe öffnet und schau, was sich Dir im Folgenden vor Deinem inneren Auge zeigt ...

Diese Reise kannst Du gerne mit weiteren Details ausschmücken. Vielleicht begegnen Dir auch Wesen im Wald. Zu Beginn denkst Du sehr rational über einen Weg nach und *machst* Dir Vorstellungen über diese mystische Welt. Je weiter Du aber kommst, um so mehr entwickelt die Reise ein Eigenleben, schließlich übernimmt Dein Unterbewusstsein und Du hast mit der Reise eine Möglichkeit geschaffen, bei der feinstoffliche Wesen zu Dir Kontakt aufbauen können und Du den Kontakt zulassen kannst. Du wirst spüren, wenn Du nicht mehr in einer von Dir aufgebauten Vorstellung wandelst, sondern wenn tatsächlich ein Input von "außen" in Deine Vorstellung gespiegelt wird. Dann hast Du den Kontakt geschlossen und kannst mit den Wesenheiten kommunizieren.

Diese Reise kannst Du im Folgenden auch variieren; gehe mal eine andere Route, zu einem See oder zu einem Bach; vielleicht lässt der Wächter Dich nicht passieren. Erzwinge nichts, denn dann wird Deine Reise unnatürlich und verkrampft, so dass auf diesem Weg keine Bilder von selbst entstehen werden.

Um ein solches Ritual zu beenden, gehe den Weg wieder zurück. Verabschiede Dich von dieser Welt, sage den Wesen Dank und meditiere danach noch einige Minuten, um diese Welt hinter Dich zu lassen. Lösche ganz bewusst die Kerzen und lüfte den Raum gut durch.

Diese drei Beispiele sollen Dir ein Gespür für Räucherrituale geben. Wichtig ist, dass Du Dir klar machst, was Du willst; mache Dir eine genaue Vorstellung von Deinem Ziel, dann wirst Du sicherlich Erfolg haben. Vielleicht nicht sofort, dann wiederhole die Rituale nach einer gewissen Zeit, vielleicht nach ein paar Tagen. Gerne kannst Du sie nach Deinen Wünschen anpassen oder mit anderen rituellen Handlungen wie singen, tanzen, beten etc. anreichern.

40 Kräuter

Im Folgenden stelle ich 40 Kräuter und Sträucher vor. Zu jedem findest Du ein Farbfoto und eine kurze Beschreibung der Pflanze, so dass Du sie ebenfalls finden und sammeln kannst.

Ich erkläre kurz, welche Kräfte ihnen innewohnen und zu welchem Planeten und zu welchem Element sie gehören. Daraus kann man schon sehr gut auf die Kräfte der Pflanzen schließen. Vielleicht gibt es auch volkstümliche Überlieferungen oder Hinweise auf die Natur der Pflanze, die in ihrem Namen versteckt sind; soweit ich diese kenne, gebe ich sie wieder.

Oft schlage ich Jahreszeiten oder Mondphasen als günstige Zeiten für bestimmte Räucherrituale vor, weil die verschiedenen Zeiten auf unsere Stimmung und auf die Kräfte der Natur wirken. Um die Wechsel der Zeiten zu erleben und die damit verbundenen inneren Veränderungen, ist diese Einteilung wichtig und sinnvoll. Viele immer wiederkehrende Erledigungen, wie Reinigung oder Neubeginn lassen sich gut mit den Jahreszeiten in Verbindung bringen.

Für ein akutes Bedürfnis brauchst Du Dich nicht so starr an diese Aufteilung zu halten. Denn wenn Du Dich JETZT von Deinem Freund getrennt hast, gelten andere Gesetzte. Dann ist jetzt Handlungsbedarf und Dein Bedürfnis ist groß genug, so dass Du sicher den Kontakt schließen kannst. Dann funktionieren diese Rituale auch außerhalb der zeitlichen Vorgaben.

Unter der Überschrift "gute Gelegenheiten zum Räuchern" gebe ich weitere Möglichkeiten an, bzw. verallgemeinere Aspekte des zuvor Gesagten, um Deiner Phantasie für eigene Räucherritual Spielraum zu geben.

Viel Spaß und viel Erfolg!

Acker-Schachtelhalm

Der Acker-Schachtelhalm gehört zur Klasse der Schachtelhalme. Er ist eine ausdauernde Pflanze, der Stängel hat 6 bis 20 Rippen, die Glatt oder mit Papillen besetzt sind. Die Pflanze hat eine Wuchshöhe von bis zu einem halben Meter. Er hat keine Blüten sondern vermehrt sich durch Sporen.

Mancherorts wird das Kraut auch Zinnkraut genannt, da es früher als Reinigungsmittel für Gegenstände aus Zinn benutzt wurde.

Seine Kraft

Das Kraut ist anregend und beruhigend zugleich, somit hat es auf die Stimmung eine regulierende Wirkung. Die anregende Kraft kann die knisternde Atmosphäre zweier Liebenden verstärken und sogar die Lust steigern, besonders bei Männern. Zusätzlich hat es eine reinigende Wirkung, besonders in mentaler Hinsicht.

Der Geruch des Rauches ist gewöhnungsbedürftig, aber das Kraut wurde sogar als Tabakersatz genutzt, somit hat die Verwendung des Rauches eine lange Tradition.

Sein Planet ist der Jupiter, sein Element das Feuer.

Zeiten zum Räuchern

Frühling

Die Räucherung gibt neuen Schwung in jede Beziehung – auch wenn es scheint, als wäre die Leidenschaft eingeschlafen. Mit einer Räucherung lässt sie sich wieder erwecken!

Herbst

Eine Räucherung mit Ackerschachtelhalm wirkt regulierend auf unsere Stimmung und auf unser Gemüt. Die Räucherung beruhigt uns, gibt aber unserem Innenleben und Erleben starken Auftrieb, so dass unsere Intuition und unsere Selbstreflexion gestärkt werden.

Gute Gelegenheiten zum Räuchern

Der Acker-Schachtelhalm eignet sich für Reinigungsrituale aller Art. Hier steht besonders die mentale, die seelische Reinigung im Vordergrund. Aber auch die Begleitung bei ritueller Waschung oder einem rituellen Bad ist es sehr zu empfehlen.

Bei dem Start einer neuen Beziehung unterstreicht es hervorragend die erotische Stimmung.

Zur Bekämpfung nervöser Unruhe, bei Stress oder beim Loslassen ganz alltäglicher Probleme kann die Räucherung sehr hilfreich sein.

Da es unser Erlebniswelt in unsrem Innern stärkt, kann das Kraut gut bei einem Orakel und bei Weissagungen genutzt werden.

Acker-Senf

Wie der Name schon sagt, gehört er zu den Senfpflanzen und wird im Volksmund auch Wilder Senf genannt. Er ist eine einjährige Pflanze und hat eine Wuchshöhe von 20 bis 50 Zentimetern. Die Kreuzblüten haben vier gelbe Blütenblätter, daraus entstehen Schoten mit acht bis 13 Samen im Innern. Die Laubblätter sind recht groß und am Rand gezähnt.

Seine Kraft

Der Senf ist von feuriger Natur, sein Planet ist der Mars, sein Element die Luft. So angriffslustig ist das Kraut aber nicht, es ist eher defensiv und beschützt uns und unser Haus. Diese Kraft nutzten bereits die Römer, indem sie die Samenkörner auf der Hausschwelle verstreut haben. Außerdem unterstützt es die Empfängnisbereitschaft der Frau. Die dritte große Fähigkeit liegt in der Unterstützung des Intellekts – der Ackersenf erhöht unsere Aufmerksamkeit und hilft beim Lernen.

Zeiten zum Räuchern

Im Frühjahr

Die Räucherung unterstützt die Kreativität der Hausbewohner, sie hilft, Neues zu gebären – nicht nur biologisch – sondern auch, um neue Ideen hervorzubringen und frisch mit neuen Projekten zu starten.

Im Sommer

schützt es Hab und Gut bei einer Reise, gibt uns Energie, und lässt uns neues lernen.

Im Herbst

hält es Krankheiten von den Atemorganen fern, so schützt es vor Erkältung und Schnupfen.

Im Winter

schützt es uns vor allen äußeren Einflüssen und stabilisiert die Harmonie im Haushalt.

Gute Gelegenheiten zum Räuchern

Wohnen

Eine Räucherung eignet sich, wenn wir ein neues Haus oder eine neue Wohnung beziehen, dann können wir uns schneller heimisch fühlen.

Prüfung

Der Rauch des Krautes hilft uns, vor einer wichtigen Prüfungen Ruhe und Halt zu finden. So können wir uns gut vorbereiten und Prüfungen bestehen.

Beziehung

Die Räucherung stabilisiert eine neue Beziehung oder eine neue Freundschaft. Außerdem unterstützt es den Kinderwunsch (für Frauen!). Bei Sehnsucht nach einer neuen Beziehung hilft es uns, Kraft und einen neuen Partner zu finden.

Beifuß

Der Gewöhnliche Beifuß gehört zu den Korbblütlern, er ist eine ausdauernde, krautige Pflanze mit einer Wuchshöhe von bis zu zwei Metern. Er hat federähnlich Laubblätter, seine Blüten stehen rispig und bestehen aus vielen körbchenförmigen Teilblüten; sie sind von weißlich-gelber bis hin zu rötlich-brauner Farbe.

Sein Name kommt vom althochdeutschen *bozen* für schlagen oder stoßen, weil seine Blätter vor der Zubereitung gestoßen wurden. Zusätzlich hat er eine abstoßende Wirkung auf böse, dunkle Mächte. Volkstümliche trägt er viele weitere Namen wie z. B. Besenkraut, Jungfernkraut oder Wilder Wermut, um nur einige zu nennen.

Die Lautverschiebung zu *Fuß* kam seiner Wirkung entgegen, beim Laufen Ausdauer und Geschwindigkeit zu verleihen.

Seine Kraft

Schon die Germanen schrieben dem Kraut Macht zu, Reisen und Kämpfe heil zu überstehen. Darüber hinaus stärkt der Beifuß die mediale Kraft des Anwenders. So beschert er Wahrträume und unterstützt außersinnliche Wahrnehmung und hilft deshalb bei der Wahrsagerei.

Sein Planet die Venus, sein Element das Wasser.

Zeiten zum Räuchern

Im Frühling

unterstützt er besonders die mediale Begabung, die Räucherung gibt uns die Kraft, unseren Freunden und der Familie mit Rat und Tat zur Seite zu stehen und Lösungen zu finden.

Das Kraut steigert Lust, Libido und die Fruchtbarkeit – nicht nur im Frühjahr!

Im Sommer

Zur Zeit der Sommersonnenwende schützt eine Räucherung gegen böse und schlechte Einflüsse, besonders bei Intrigen und beruflichen Schwierigkeiten. Seine reinigende Wirkung ist jetzt am größten.

Gute Gelegenheiten zum Räuchern

Beifuß hilft bei jeder anstehenden Reise. Bei einem neuen Projekt oder einem Aufbruch gibt er Kraft und Ausdauer und hilft, die richtigen Entscheidungen zu treffen.

Die magischen Kräfte bei einem Orakel sind nicht zu unterschätzen. Besonders wenn man vor dem Schlafengehen räuchert, kann man in Träumen gute Assoziationen bis hin zu Wahrträumen erleben. Auch das freie Assoziieren bei einer Räucherung hilft oft schon, Dinge aus ganz anderen Perspektiven zu sehen.

Das Kraut vertreibt trübe Gedanken und "böse Mächte" wann immer wir uns schlecht fühlen, ohne direkt zu wissen, woran es liegt. Das ist die Stärke seiner reinigenden Wirkung. Besonders eignet er sich, um den Ort für einen medialen Kontakt oder für ein Ritual vorzubereiten.

Beinwell

Der Beinwell gehört zu den Raublattgewächsen, er ist eine ausdauernde, krautige Pflanze und seine Wuchshöhe beträgt zwischen zehn Zentimetern und einem Meter. Stängel und Blätter sind behaart, schon fast borstig, die Laubblätter sind spitz zulaufend und recht dick und pelzig. Die Blüten sind endständige Doppelwickler mit fünf Kelchblättern, traubenartig mit glockiger Krone. Meist sind sie weiß, aber auch in gelb oder bläulich-rot können sie je nach Art auftauchen.

Der Name kommt von Knochen (Bein) und zusammenwachsen (wall, well). Er wurde schon früh in der Geschichte als Heilmittel bei Knochenbrüchen und Gelenkproblemen eingesetzt.

Seine Kraft

Er hat alle Zeit der Welt und gibt der Heilung Raum und Zeit. Das Wachstum ist ein wichtiger Aspekt seiner Kraft, nicht nur in der Natur, auch bei dem eigenen

Vermögen. So beeinflusst er Geldangelegenheiten und Handel. Dazu gehören Mut und Entschlossenheit, die er unterstützt.

Sein Planet ist der Saturn, sein Element das Wasser.

Zeiten zum Räuchern

Im Frühling

Er unterstützt den Aufbruch und gibt die nötige Stabilität und Entschlossenheit. Besonders bei langwierigen Unternehmungen ist er hilfreich, so dass wir den langen Atem bekommen, den wir für unser Vorhaben brauchen.

Im Sommer

Er fördert alle Arten von Wachstum, besonders bei Geldsorgen und beruflichen Schwierigkeiten ist er hilfreich.

Im Herbst

Der Beinwell bekämpft Unentschlossenheit, besonders wenn diese durch eine gewisse Unsicherheit entstanden ist. Er macht selbstbewusst und lässt uns unsere Stärken erkennen.

Gute Gelegenheiten zum Räuchern

Vor jede Reise gibt die Beinwellräucherung Kraft und Durchhaltevermögen. Auch bei der "Reise" in eine neue Beziehung. Er fördert Intimität und emotionale Stabilität. Die Räucherung gibt uns den nötigen Mut – vielleicht erst den nötigen Impuls – für einen Aufbruch, etwas zu wagen. Dazu erhalten wir zusätzlich Stabilität und Standhaftigkeit, um unser Vorhaben durchzuhalten.

Somit festigt das Kraut auch lange bestehende Beziehungen und hilft uns Neues aufzubauen.

Nicht zu unterschätzen ist seine reinigende Wirkung z. B. bei Krankheiten, Depression und bei neuen Beziehungen – wir können von alten Mustern los- und frischen Wind zuzulassen. Eine Räucherung reinigt auch eine neuen Wohnung oder ein neues Hauses, das wir beziehen.

Breitwegerich

Der Breitwegerich ist ausdauernd und krautig, seine Wuchshöhe beträgt nur wenige bis maximal 25 Zentimeter. Die löffelförmigen, ovalen Laubblätter sind als Rosette knapp über dem Boden angeordnet und können bis zu acht Zentimeter im Durchmesser breit werden. An einem kahlen Stängel wächst ein ähriger Blütenstand; aus diesen Blüten können bis über 45 ganz kleine Samen entstehen.

Sein Name bedeutet "der (breite) König der Wege".

Seine Kraft

Als Heilmittel ist der Breitwegerich seit alters her bekannt und beliebt, besonders zur Wundheilung. Seine fast schon Unzerstörbarkeit am Wegesrand machte ihn zur Stützte all jener, die weite Reisen unternahmen; z. B. haben sich Pilger die Blätter in ihre Schuhe gelegt, um sich nicht wundzulaufen. Das gibt einen schönen Aspekt seiner Wirkung wieder. Es werden nicht einfache Reisende oder Händler genannt sondern Pilger – Wanderer auf einer spirituellen Reise.

Er ist ein zäher und unermüdlicher Begleiter, er lässt sich nicht unterkriegen, er ist mehr Sein als Schein, denn eine hübsche Blume ist er gewiss nicht.

Sein Planet ist die Sonne, sein Element die Erde.

Zeiten zum Räuchern

Im Frühling

schützt er uns bei einem neuen Aufbruch, einer Reise oder einem Neuanfang. Er macht uns widerstandsfähig und "heilt" all die kleinen Wunden, die jedes neue Unterfangen mit sich bringt.

Im Sommer

schöpfen wir neuen Mut bei einer langwierigen Aufgaben, wir bekommen neue Kraft und lassen uns nicht unterkriegen.

Im Herbst

Die Räucherung öffnet Türen und Pforten, wir lassen alte Freunde ein und sind für eine Versöhnung bereit. Verwandte, besonders Neugeborene, heißen wir mit ihm Willkommen.

Im Winter

Eine Räucherung unterstützt ehrliches Miteinander, eine Aussprache wird begleitet, Intrigen entlarvt und Frieden gestiftet.

Gute Gelegenheiten zum Räuchern

Er stützt uns besonders bei langwierigen Aufgaben wie bei einem Studium oder einer Ausbildung; also in Zeiten, in denen man nicht glaubt, dass ein Ende je in Sicht kommen wird. Hier hilft der Breitwegerich, denn seine Kraft schütz uns. Das können wir jetzt gebrauchen, denn wer sich auf einen Weg macht, begibt sich immer in eine gewisse Gefahr. Und auch wir "Daheimgebliebenen" können jedem "Wanderer" damit ein Willkommen bereiten, eine gastliche Aufnahme in unser Haus oder in unser Herz.

Brennnessel

Die Brennnessel gehört zur Familie der Brennnesselgewächse, meist ist die Große Brennnessel anzutreffen. Sie ist eine ausdauernde, krautige, zweihäusige Pflanze, ihre Wuchshöhe reicht von wenigen Zentimetern bis zu drei Metern. Am kantigen Stiel befinden sich die Brennhaare. Die Blätter stehen gegenständig, sind herzförmig, zugespitzt mit gesägtem Rand. Die kleinen, unscheinbaren Blüten stehen in einer Rispe.

Ihre Kraft

Die Brennnessel ist ein weit unterschätztes Kraut. Sie sieht unscheinbar aus, hat keine auffällige Blüte und trägt im Herbst keine Früchte. Durch ihr Nesselgift ist sie uns nur noch unsympathischer, wären da nicht ihre verborgenen Fähigkeiten. Der Gärtner schätzt sie, da mit einer Brennnesseljauche der Garten gepflegt werden kann und noch vor gar nicht langer Zeit wurde sie als Ersatz für Flachs verwendet.

Mythologisch weiß man, dass sie die Finsternis vertreibt, vor Blitzen schützt und uns in der Liebe und in der Lust unterstützt. Außerdem ist sie eine große Schutzpflanze in jeglicher Hinsicht.

Ihr Planet ist der Merkur, ihr Element das Feuer.

Räuchermagie

Schutz

Die Räucherung dient zum Schutz von Hab und Gut. Zum Einsegnen unserer magischen Werkzeuge ist eine Räucherung mit der Brennnessel geeignet, besonders für das Athame, den rituelle Dolch.

Um "Flüche" und "Bedrohungen" abzuwenden oder gar wieder zurückzuschicken, hilft eine Räucherung. Als Fluch können Missgunst, Neid und Spott gesehen werden.

Mut und Licht

Die Brennnessel vertreibt nicht nur Flüche, sondern auch Ängste; sie spendet neuen Mut und gibt uns Kraft. Sie ist in der Lage, "Licht ins Dunkle" zu bringen. Zum einen vertreibt sie Schatten, die sich z. B. in unserer Stimmung breit gemacht haben oder schlimme Ereignisse, die uns zugestoßen sind. Zum anderen zeigt eine Räucherung einen neuen Weg auf. Das symbolisiert sehr gut der Merkur, der ihr Planet ist, denn er hat die größte Nähe zur Sonne. Die Brennnessel hilft uns, Finsternis – besonders die Innere – abzuwehren.

Liebe

Die feurige Natur der Brennnessel unterstützt jeglichen Liebeszauber. Schon seit alter Zeit wurde die Brennnessel mit dem Frühling assoziiert, da ihr Saft grün ist – die Farbe der Hoffnung und der Natur; der Frühling ist der Neubeginn des Lebens, die Natur erwacht und sprießt. Somit hilft das Kraut jeder Beziehung, die sich anbahnt oder noch ganz frisch ist.

Brombeere

Die Brombeere gehört zur Gattung der Rubus aus der Familie der Rosengewächse. Sie ist eine Kletterpflanze und kann eine Wuchshöhe von bis zu drei Metern erreichen. Die Stängel sind verholzt und mit Stacheln besetzt. An ihnen sitzen wechselständig drei, fünf oder sieben Blätter, die an den Rändern gezähnt sind. Die Blüten sind weiß bis rosafarben und haben fünf Kelchblätter. Die blau-schwarzen Früchte gehören zu den Sammelsteinfrüchten, auch wenn wir sie gemeinhin als Beeren bezeichnen.

Das Wort Brombeere kommt von dem althochdeutschen Wort brāmberi, das so viel bedeutet wie Dorngebüschbeere oder Beere des Dornstrauchs.

Ihre Kraft

Bereits die Kelten wussten um die Kraft dieser Pflanze. Die Brombeere ist der Zugang zur Welt des Schlafes und des Traumes. Sie birgt die Kraft für seherische Fähigkeiten und für die Erkenntnis.

Ihr Planet ist der Saturn, ihr Element die Luft.

Räuchermagie

Trennen und Verbinden

Das Räucherritual entfaltet Kraft bei allen magischen Werken, bei denen es um Trennung oder Vereinigung geht. Das können zum einen Beziehungen sein, zum anderen können wir uns auch besser von negativen Gedanken trennen oder unbequeme Wahrheiten akzeptieren. Das muss nichts weltbewegendes sein, es kann der neue Kollege sein, den wir einfach so hinnehmen müssen oder neue wirtschaftliche Verhältnisse. Somit vereinigen wir uns wieder mit der Welt, in der wir leben.

Krankheiten durch Stress und seelischen Belastungen können unterstützend behandelt werden. Die Brombeerräucherung baut eine Grenze zwischen den schädlichen Einflüssen und der eigenen Person auf. Somit wird das "Abstreifen" einer Krankheit ermöglicht.

Divination

Bei allen divinatorischen Operationen ist die Brombeere hilfreich und kann bei einem Orakle verräuchert werden. Sie gewährt uns Zugang zu dem Reich der Intuition und der seherischen Fähigkeiten – wir können mit ihr hinter dem Schleier blicken. Wir bekommen also nicht bloß eine Information, sondern verstehen, was dahinter steht.

Schutz

Schutz ist eine weitere Kraft der Pflanze. Jeder, der einmal eine Hecke wild am Wegesrand aus Brombeersträuchern gesehen hat, weiß, wie undurchdringbar sie ist. Selbst wenn sie im Herbst völlig abgeschoren wird, strebt sie im Frühjahr wieder zur vollen Größe auf. Sie verleiht uns Schutz und Stärke. Sie schützt unser Eigentum und ist auch bei der Geldmagie ein wichtiger Helfer.

Distel

Als Disteln werden umgangssprachlich viele Pflanzen bezeichnet, die mit Dornen und Stacheln besetzt sind. Das Wort Distel – aus dem Indogermanischen – bedeutet spitz bzw. stechen. Weit verbreitet ist die Ringdistel, sie gehört zu den Korbblütlern und tritt in über 100 Arten auf. Hier in Mitteleuropa ist der häufigste Vertreter die Nickende Ringdistel. Ihre Laubblätter sind derbstachelig, es sind die Dornen, die um den Stängel laufen. Meist tritt sie als ein- oder zweijährige, krautige Pflanze auf. Ihre Wuchshöhe erreicht bis zu einem Meter. Sie kann bis zu 20 violette Blüten bilden, die Schäfte der Blüten sind meist stachelig beblättert und bilden eine Art Korona um die Blüte.

Ihre Kraft

Schon im Altertum und im fernen Osten war sie stets ein Symbol für Wehrhaftigkeit. So fand ihr Abbild bereits bei den Rittern auf Wappen, auch heute trägt Schottland oder der Orden der Distel in England diese Pflanze im Schilde. Sie ist ein Symbol der Unantastbarkeit, sie ist das Symbol einer Festung, die jedem Angriff standhält. Bereits in der Antike wurde sie zur Abwehr böser Dämonen und Mächte verwendet. Die Germanen nannten sie in alter Zeit Blitzpflanze, da sie vor Blitzen schützen soll.

Ihr Planet ist der Jupiter, ihr Element das Feuer.

Räuchermagie

Die Festung

Das Räucherritual mit der Pflanze stärkt unsere Abwehr, sie schützt uns bei allen Unternehmungen, besonders, wenn wir uns unsicher fühlen und Kraft für einen Auftrag brauchen, bei dem wir vielleicht Feindseligkeiten ausgesetzt sind, wie z. B. im Beruf, bei einem Vorstellungsgespräch oder einem schwierigen Gespräch, das vor uns liegt, denn ihr liegt nichts an einem Angriff sondern an der Verteidigung – sie ist eine Festung und stärkt uns innerlich wie äußerlich. Unser Auftreten kann deutlich sicherer werden, wenn wir uns verletzlich und unsicher fühlen. Dazu hilft es, die Distel am Abend zu verräuchern. Am nächsten Tag, wenn wir uns der kritischen Situation nähern – vielleicht einer erst vor Kurzem verflossenen Liebe – stellen wir uns die Distel plastisch vor. In Deiner Vorstellung bist Du umringt von ihren abwehrenden Stacheln, sie schützt Dich, Du bist unangreifbar. Das wird Dir Kraft uns Stabilität geben.

Mut

Die Distel kann uns aber auch Mut machen, z. B. wenn wir auf jemanden zu gehen wollen, der uns wichtig ist, und wenn wir vermeiden wollen, dass sich eine feindselige Stimmung aufbaut.

Erfolg und Erlösung

In der christlichen Mythologie ist eine mit Dornen besetzte Pflanze das Symbol für das Leid aber auch für die Erlösung, also dem Erreichen eines Zieles nach einer großen Mühsal. Somit gibt uns die Distel Kraft durchzuhalten, um schließlich einen Erfolg zu feiern und alles zum Guten zu wenden.

Efeu

Der Efeu bildet eine eigene Gattung, er ist eine immergrüne, ausdauernde Kletter-pflanze. Durch seine Haftwurzeln wächst er Mauern und Bäume empor und er-reicht eine Wuchshöhe von bis zu 20 Metern. Die Blätter sind drei bis fünflappig und haben einen glatten Rand. Die kleinen, gelben Blüten stehen in halbkugeligen Dolden; sie blühen im späten Herbst, und die Beeren reifen erst im darauffolgenden Frühjahr.

Seine Kraft

Der Efeu ist eine der mystischsten Pflanzen überhaupt. Er ist seit der Antike – be-sonders für die Christen – ein Symbol des ewigen Lebens. Bis zum heutigen Tag finden wir ihn auf Friedhöfen, und seit der Antike wird er bei Bestattungsriten ein-gesetzt.

Der Efeu steht für Treue und Freundschaft. In Griechenland überreichte man dem Brautpaar Efeuranken als Symbol der Treue. Im alten Griechenland und Ägypten war er darüber hinaus eine Pflanze der Heiterkeit und der Ausgelassenheit.

Diese rankende, kletternde Pflanze, die nach oben strebt und nahezu überall Halt findet, verbindet uns mit dem Reich der Engel und der feinstofflichen Welt. Sie wächst gerne an Bäumen empor, was schon manchen Baum das Leben gekostet hat, sie bringt den Tod, kann aber auch totes bedecken und so neues Leben schaffen. Besonders alte Gemäuer, die selbst vielleicht bereits verfallen sind, haben ein ganz eigenes Flair, da der Efeu selbst sehr alt werden kann und die "toten" Dinge mit viel Leben überwuchert.

Diese "anschmiegsame" Eigenschaft machte den Efeu zum Symbol für Treue und Freundschaft, denn wo er einmal wächst, lässt er sich nur schwer wieder vertreiben – wie ein echter Freund. Aber auch der negative Aspekt – das Klammern – spiegelt sich in diesem Symbol.

Der Efeu besitzt etwas Schlangenhaftes und wird deshalb mit Drachen und Schlangen, aber auch mit den mystischen Erdbewohnern, den Gnomen, in Verbindung gebracht. Diese Wesen wachen über Schätz, besitzen die Reichtümer der Erde und bewachen die Schwelle zu einer anderen Welt. Somit verbindet uns der Efeu mit dieser anderen Welt, er lässt aber nicht jeden hinein. Der Efeu verbindet zwar das Untere mit dem Oberen, die geistige mit der materiellen Welt, aber gleichzeitig ist er auch der Hüter der Schwelle.

Der Efeu treibt keine nennenswerten Blüten und im Herbst verfärben sich seine Blätter nicht – er ist ohne jede Eitelkeit – ohne Stolz, ohne zu schillern oder große Aufmerksamkeit zu erregen – er ist der Innbegriff der Demut, der Stetigkeit, der Verlässlichkeit und der Konsequenz. Diese Eigenschaften machen ihn zu einem stabilen Verbündeten. Er ist das Symbol, beständig am Erfolg zu arbeiten und himmelwärts zu streben – allerdings spiegelt sich auch die Angst vor Veränderung in ihm.

Sein Planet ist der Saturn, sein Element die Erde.

Räuchermagie

Freundschaft und Liebe

Der Efeu unterstützt die Treue zweier Menschen, nicht nur von Liebespaaren, auch von ehrlichen Freunden. Eine Räucherung kann helfen, eine Freundschaft oder eine Beziehung zu erneuern und neue Kraft für eine gemeinsame Zukunft zu schöpfen.

Beschwörung und magische Arbeit

Bei der Beschwörung himmlischer Mächte hilft uns eine Räucherung, um den Kontakt zu den Wesen zu schließe und die Anwesenheit anderer Mächte wahrzunehmen. Haben wir schon einen Kontakt geschlossen, kann der Kontakt verstärkt und intensiviert werden.

Beschwörung der Ahnen

Wir können die Räucherung nutzen, um mit den Ahnen oder den Geistern der Verstorbenen in Kontakt zu treten, z. B. bei Experimenten der Transkommunikation, wie z. B. bei dem Phänomen der Tonbandstimmen. Es vereinfacht uns, die Schwelle zu passieren und Informationen aus der jenseitigen Welt zu erlangen.

Ein Efeu-Liebes-Ritual

Beginne bei Neumond. Räuchere Efeu und schließe die Augen und denke an die Person, mit der Du gerne eine Beziehung eingehen willst. Stelle Dir vor, wie ihr miteinander ins Gespräch kommt, wie sie Dich bemerkt und welche Deiner Vorzüge ihm/ihr auffallen sollen, beispielsweise Dein Aussehen oder Dein Humor.

Beobachte in der nächsten Woche, was passiert und schreibe auf, wie sich eure Beziehung entwickelt.

Fahre bei Halbmond am Abend mit dem Ritual fort. Ziehe Dich an einen ruhigen Ort zurück und räuchere Efeu. Entzünde zwei Kerzen und sprich bei der ersten: "Dieses Licht soll sein/ihr Herz erleuchten." Bei der Zweiten: "Dieses Licht soll ein Funken zwischen uns sein." Räuchere Efeu, konzentriere Dich, sprich dann: "Der Efeu binde ein Band zwischen uns. Wie der Efeu, so wächst auch unsere Liebe in den Himmel."

Visualisiere, wie ihr Euch näher kommt, wie ihr Gemeinsamkeiten entdeckt und Spaß miteinander habt. Beobachte in der nächsten Woche, was alles mit euch passiert. Sei aktiv, trau Dich und geh auf sie/ihn zu. Hab' keine Angst, Du hast gut vorgesorgt! Schreibe am Abend auf, was Du erlebt hast.

Zum Schluss warte auf Vollmond. Ziehe Dich zu Mitternacht an einen ruhigen Ort zurück. Versenke Dich und lass alle alltäglichen Gedanken los. Zünde vier Kerzen an, die jeweils in den vier Himmelsrichtungen stehen. Sprich bei der ersten: "Dieses Licht verbindet uns beide." Bei der zweiten: "Dieses Licht hilft uns, eine Beziehung aufzubauen." Bei der dritten: "Dieses Licht brennt wie unsere Liebe." Bei der vierten: "Dieses Licht überbringt meine Botschaft." Räuchere danach Efeu. Visualisiere, wie ihr ein Paar werdet, wie ihr euch liebt, wie ihr glücklich miteinander werdet.

Sprich: "Wie der Efeu Halt findet, so finden wir Halt zueinander. Wie der Efeu in den Himmel wächst, so wächst unsere Liebe, so treu wie der Efeu an Gemäuern festhält, so treu ist unsere Liebe."

Sollte sich doch kein Erfolg einstellen, so wiederhole diesen Ritualzyklus zwei Monate später.

Farn

Farne gehören zu den Gefäßsporenpflanzen, es gibt über 12.000 Arten. Eine bei uns weit verbreitete Art ist der Wald-Frauenfarn. Er ist krautig, mit zweifach gefiederten, gesägten Blättern, die spitz zu laufen. Sie bilden Wedel mit einer Länge von 30 bis 100 Zentimetern, die sich trichterförmig anordnen. Auf der Unterseite der sporentragenden Wedel sitzen die Sporenbehälter (Sori).

Seine Kraft

Um den Farn ranken sich viele Mythen und Legenden. Viele Völker haben Bräuche oder kannten mystische Kräfte von diesem Kraut. In Böhmen glaubte man, dass man stets Geld zur Verfügung hätte, wenn man nur einige Farnsamen im Geldbeutel habe. Andere Völker glaubten, man könne mittels des Farns die Sprache der Tiere verstehen oder man würde unsichtbar, wenn man die Samen im Schuh trüge. Sogar Hildegard von Bingen erwähnt die magische Kraft des Frans in ihrer Physica; man könne den Teufel mit ihm vertreiben. Zum einen sorgt der Farn also für

Glück und Wohlstand, zum anderen schließt er den Kontakt zu Dämonen, Geistern und zu den Geistern der Verstorbenen, und als drittes verhilft er zu Wahrträumen. Sein Planet ist der Merkur, sein Element die Luft.

Räuchermagie

Der Farn verbessert die wirtschaftliche Situation und schützt unser Hab und Gut. Vielleicht schützt er gar nicht mal so sehr vor Dieben und Räubern sondern eher vor uns: das meiste Geld geht uns durch schlechte Planung oder Verschwendung verloren. Wir können lernen zu haushalten ohne geizig oder asketisch zu werden. Sinnvoll ist es, Freude an den kleinen Dingen zu haben und nicht stets der nächsten noch größeren Emotion hinterherzurennen, die einen doch nicht befriedigt.

Eine weitere mystische Kraft lässt uns den Kontakt mit der Anderswelt schließen. Bei einem Ritual, bei dem wir uns mit Geistern und sphärischen Kräften wie z. B. den Engeln in Verbindung setzten wollen, ist eine Farnräucherung sehr angebracht.

Zeiten zum Räuchern

Herbst und Winter

Der Kontakt mit unseren Vorfahren kann besonders in der Nacht auf den ersten November – Samhain, auf Neudeutsch Halloween genannt – geschlossen werden. Suche ein ruhiges Plätzchen, wenn es das Wetter und die Temperaturen zulassen, am besten unter freiem Himmel. Hier wäre ein klassisches Ritual mit einem Kreis angebracht. Versenke Dich kurz, werde mit dem Kosmos eins, räuchere einige Farnblätter und spüre in Dich hinein!

Winter

Um eine Nachricht aus der feinstofflichen Welt zu erhalten, führe ein kleines Ritual durch, stimme Dich kurz ein und nutzte eine Technik der Wahrsagerei, die Dir gefällt. Du kannst auch vor dem Zubettgehen räuchern. Schreibe unbedingt sofort alles nach dem Aufwachen auf – auch wenn es mitten in der Nacht ist, denn die Botschaften aus der Welt der Träume sind gewöhnlich sehr flüchtig.

Feinstrahl

Der Einjährige Feinstrahl kommt ursprünglich aus Nordamerika, er gehört zu den Korbblütlern und hat eine Wuchshöhe von einem halben bis zu einem Meter. Seine Laubblätter sind lanzettlich, spitz und schwach gesägt. Die zahlreichen Blüten sind zu einer Schirmrispe angeordnet, zunächst erscheinen sie leicht violett, später weiß. Die Blüte ähnelt der des Gänseblümchens, dieses hat jedoch nicht so feine "Strahlen", welche diesem Kraut den Namen gab. Seit dem 18. Jahrhundert ist diese ehemalige Zierpflanze in Europa ausgewildert.

Seine Kraft

Der Feinstrahl gehört zu den "Berufkräutern". Das Vorwort Beruf leitet sich von berufen oder beschreien ab, also verfluchen oder verhexen. Damit schützte man sich vor Hexerei, bösen Flüchen und dunklen Mächten. Besonders zum Schutze von Neugeborenen hat man die Berufkräuter in die Wiege der Kinder gelegt. Die

Stärke des Krautes liegt darin, zu schützen, es ist also eher passiverer Natur. Sein Planet ist der Saturn, sein Element die Luft.

Zeiten zum Räuchern

Im Frühling

Der Feinstrahl schützt alles Neues, besonders neue Erdenbürger. Damit können wir Menschen, aber auch Ideen und Vorhaben willkommen heißen und uns auf unsere Aufgaben konzentrieren, damit wir erfolgreich sind.

Im Sommer

Die Räucherung verstärkt positive Impulse, lässt eine Idee nicht zu einem bloßen Strohfeuer verpuffen, sondern hilft, eine solide Basis zu schaffen.

Im Herbst

Die Räucherung unterbricht Grübeln und stoppt Gedanken, die sich sinnlos im Kreise drehen. So schöpft man Kraft und kann gute Gelegenheit für neue Ansätze finden.

Im Winter

Die Räucherung vertreibt Ängste. Der Feinstrahl lässt uns die positiven Aspekte des Lebens neu entdecken und hilft, frischen Mut zu schöpfen.

Gute Gelegenheiten zum Räuchern

Eine Räucherung mit diesem Kraut hilft uns, Unsicherheiten, Grübeleien und auch Ängste und Depressionen zu vertreiben. Dann kann man das Leben mit einer gewissen Unbeschwertheit sehen und können Neuerungen unvoreingenommen entgegen treten.

Aber auch auftretende Verlustängste, nicht verdaute Trennungen aus vergangenen Tagen, die gerade in der kühlen Jahreszeit übermächtig zu werden drohen, lassen sich besser bewältigen.

Raue Gänsedistel

Die Raue Gänsedistel gehört zu den Korbblütlern, sie ist eine einjährige, krautige Pflanze und hat eine Wuchshöhe von 30 Zentimetern bis zu fast zwei Metern. Sie hat gezähnte Laubblätter. Die Blütenkörbchen sind in Rispen angeordnet und blühen gelb.

Ihre Kraft

Die Raue Gänsedistel erzählt von der glücklichen Ernte, die Lager sind voll – unser persönlicher Akku auch. Wir sind satt, wir sind zu Hause, es ist gemütlich, ein Gefühl der Sicherheit durchströmt uns. Das Kraut ist gesellig, die Stimmung ist gut, wir erwarten Freunde oder wir sind selbst willkommen.

Die häusliche, gemütliche Stimmung wird nicht zuletzt von der duftenden Raumnote, die dieses Kraut von sich gibt, unterstrichen.

Ihr Planet ist die Venus, ihr Element die Erde.

Zeiten zum Räuchern

Im Frühling

Eine Räucherung bereitet einen Besuch vor. Freundschaften können gepflegt und Kontakte wiederbelebt werden.

Im Sommer

Die Räucherung hilft uns, zu genießen, das Leben zu spüren und zufrieden zu sein, mit dem was wir haben.

Im Herbst

Zweisamkeit, aber auch Freundschaften unterstützt das Räucherritual.

Im Winter

Die Räucherung verleiht uns das Gefühl von Sicherheit, von Sesshaftigkeit. Ein Ritual untermauert gute Freundschaften und fördert die Geselligkeit.

Gute Gelegenheiten zum Räuchern

Ein Räucherritual stabilisiert uns emotional in Zeiten persönlicher Unruhe. Wir können unsere Situation überdenken, Lösungsansätze finden; ebenso erkennen wir unsere Position im gesellschaftlichen Gefüge.

Die Raue Gänsedistel ist aber auch für eine gesellige Runde geeignet, in der wir uns wohl fühlen. Sie kann gerne bei einem Rituale, das wir zu mehreren durchführen, verwendet werden, oder man verräuchert sie einfach in der Gesellschaft unserer Freunde.

Das Kraut ist ebenso geeignet, wenn wir alleine arbeiten. Es stärkt unsere innere Einheit und stabilisiert uns, so dass wir sehr zielgerichtet vorgehen werden. Dies ist nützlich bei einem Vorhaben, bei dem wir genau wissen, was wir wollen und es weniger auf unsere intuitiven Kräfte ankommt.

Die Raue Gänsedistel sichert unseren Besitz, im geistigen wie im materiellen. So stabilisiert sie uns und unsere Gedanken – unsere kognitiven Fähigkeiten. Sie ist aber auch bei jedem Werk von nutzen, bei dem es um materielle Dinge geht, wie Geld, Besitz oder gesellschaftlicher bzw. beruflicher Position.

Giersch

Der Giersch gehört zu den Doldenblütlern, er ist eine ausdauernde, krautige Pflanze und hat eine Wuchshöhe von 30 bis 100 Zentimetern. Er hat einen kantigen, gefurchten Stängel, die Laubblätter sind wechselseitig angeordnet, sie sind von eilanzettlicher Gestalt mit gesägtem Rand, sie treten meist zu dritt aber auch zu fünft auf.

Der Giersch entspringt aus einem stark wuchernden Rhizom, diese Ausläufer bilden Kolonien – deshalb ist er für Gartenfreunde so schwer zu vertreiben.

Sein Name Giersch leitet sich aus dem Griechischen für "Ziegenfuß" ab, wegen der Gestalt der Blätter. Seit alters her wird er auch als Mittel gegen Gicht verwendet.

Seine Kraft

Der Giersch steht für Fülle, Fruchtbarkeit und Unsterblichkeit. Er ist zum einen der Bewahrer der guten, alten Tradition, er ist aber auch der Erneuerer. Er hilft uns, das

Einmalige zu erkennen, zu bewahren oder auch weiterzuentwickeln. Auf der anderen Seite hilft er uns, die alten Muster hinter uns zu lassen und zu neuen Ufern aufzubrechen.

Sein Element ist das Wasser, sein Planet der Mond.

Zeiten zum Räuchern

Im Frühling

Eine Räucherung hilft uns, von Altbekanntem loszulassen. Wir finden die Kraft, zwischen den guten Traditionen und dem Ballast der Alten zu unterscheiden. Wir sind jetzt in der Lage, die alten Strukturen zu überprüfen und bei Bedarf zu erneuern. Begleiten wir den Aufbruch mit dem Giersch!

Im Herbst

Er unterstützt unsere medialen Fähigkeiten, denn sein Element ist das Wasser. Er hat die Fähigkeit, in die Unendlichkeit zu blicken und lässt uns bei einer Räucherung an seiner Kraft teilhaben.

Gute Gelegenheiten zum Räuchern

Erweitere Deinen Horizont

Immer wenn wir merken, dass es nicht mehr vorangeht, dann könnte es sein, dass wir gar nicht in der Lage sind, über den Tellerrand zu schauen, dass wir gar nicht unseren Teller wahrnehmen, weil wir so eingefahren sind. Lass Deinen Horizont vom Giersch erweitern und entdecke neue Wege!

Orakelmagie

Bei jeglichem divinatorischen Ritual, sei es Pendeln oder irgendeine andere Wahrsagekunst, kannst Du den Giersch zur Unterstützung verräuchern. Er beklebt Deine Intuition und mediale Begabung, so dass Du die Ergebnisse aus dem Orakel sinnvoll deuten kannst.

Goldrute

Die Goldrute gehört zu den Korbblütlern, sie ist eine ausdauernde, krautige Pflanze und hat eine Wuchshöhe von einem halben bis zu zwei Metern. Ihre Laubblätter sind lanzettlich geformt und im vorderen Bereich gesägt. Auf den Bögen der Rispenzweige bilden sich gelbe Blütenköpfchen, die ab dem Hochsommer ganze Wiesen in Gold tauchen können. In unseren Breiten sind hauptsächlich die Goldrute und die Kanadische Goldrute (Bild) vertreten. Sie lassen sich beide gleichermaßen zum Räuchern einsetzen.

Ihre Kraft

Schon in alter Zeit nutzte man sie zu Räucherungen. Sie verströmt einen angenehmen, würzigen Duft. Früher wurde der Rauch zur Heilung eingesetzt und zum Austreiben von Dämonen. Ihre Verbindung zur Sonne kann sie nicht leugnen, so hat sie die Kraft, die Schatten zu vertreiben und das Licht heraufzubeschwören. Sie vertreibt jeglichen Spuk und verbreitet Eintracht und Versöhnung.

Ihr Planet ist die Sonne, ihr Element die Luft.

Zeiten zum Räuchern

Im Frühling

Sie fördert den materiellen Gewinn, vertreibt Geldsorgen und unterstützt Dich bei Deinem beruflichen Weiterkommen.

Im Sommer

Räuchere die Goldrute für die Liebe und Harmonie. Sie hilft Dir, um Liebe zu finden und bestehende Harmonie zu stabilisieren.

Im Herbst

Eine Räucherung vertreibt Sorgen und fördert Heilung, besonders bei chronischen Erkrankungen, auch bei den Dir nahestehenden Personen.

Im Winter

Harmonie und Freundschaft werden erzeugt und verstärkt. Der Rauch baut ein heimisches Gefühl auf, der Zusammenhalt wird gestärkt und die Versöhnung innerhalb der Familie kann mit einem Räucherritual begleitet werden.

Gute Gelegenheiten zum Räuchern

Die Goldrute ist ein angenehmer Gast, sie verströmt ein Gefühl von Wohnlichkeit, Geborgenheit und familiären Zusammenhalt. Besonders in der dunklen Jahreszeit sorgt sie für Zusammenhalt und dann besonders zwischen sich sowie so schon nahestehenden Personen. Somit begleitet sie Aussöhnung und stabilisiert Beziehungen, die uns wichtig sind. Auch in einem neuen Zuhause sorgt sie für eine wohnliche Atmosphäre und lässt Menschen, z. B. einen neuen Partner, sich wie zu Hause fühlen.

Außerdem fördert die Goldrute jegliche Heilung und kann zu jeglicher Therapie zusätzlich eingesetzt werden.

Habichtskraut

Zu den Habichtskräutern gehören viele Arten; sie sind Korbblütler, ausdauernde, krautige Pflanzen und haben eine Wuchshöhe von 10 bis 50 Zentimetern – manche Arten können sogar über einen Meter hoch werden. Die Laubblätter stehen meist am unteren Ende des Stängels rosettenförmig zusammen. Die Blüten – meist gelb aber auch in leuchtendem Orange – befinden sich an verzweigten Stängeln.

Seine Kraft

Es gibt eine Sage, die besagt, dass sich Habichte der Milch in den Stängeln bedienen, um ihre Augen zu schärfen. Das trifft schon den magischen Kern von diesem Kraut. Das Habichtskraut schärft die seherischen Fähigkeiten durch eine Räucherung, denn dies ist eine der Hauptfähigkeiten des Krautes. Es erleichtert Visionen und hilft bei allen Arten von Orakeln. Der Habicht schwebt durch die Lüfte und jagt punktgenau seine Beute. Die Luft steht für das rationale, das Kognitive, aber auch das Luftige und somit Flüchtige, schwer Fassbare ist in dieser Geschichte enthalten.

Das Kraut hilft uns darüber hinaus Ruhe und inneren Einklang für magische Experimente zu finden, denn eine Räucherung segnet und stärkt uns.

Sein Planet ist die Sonne, sein Element die Luft.

Gute Gelegenheiten zum Räuchern

Divination

Die Räucherung unterstützt bei Orakeln wie Pendeln, Runenlegen etc., denn es steigert die visionäre Kraft und Assoziationsfähigkeit.

Handeln der Mitmenschen verstehen

Wenn wir uns über die Aktivitäten eines Mitmenschen wundern, hilft uns das Kraut, die Motive zu begreifen und das Handeln zu verstehen. Wir lernen, die Menschen besser einzuschätzen.

Reinigung

Durch den lichten und reinen Aspekt seiner magischen Kraft eignet sich das Kraut zur rituellen Reinigung, Segnung oder energetischen Aufladung magischer Orakelwerkzeuge oder des Raumes, in dem man arbeitet.

Befreiung

Licht und leicht bedeute auch frei von Ballast zu sein. Entrümpeln hilft, sich frei zu fühlen – im Inneren wie im Materiellen. Schau Dich in Deiner Wohnung um – wie viele Gegenstände hast Du, von denen Du Dich eigentlich schon lange trennen wolltest? Finde einen Impuls, lass von diesen Dingen los und spüre, wie es Dich geistig befreit, wenn Du materiellen Ballast los wirst!

Fokussierung

So wie der geschärfte Blick des Habichts, hilft uns die Räucherung, den Blick zu fokussieren, so dass wir uns auf das Wesentliche konzentrieren können und keine Kraft sinnlos verschleudern. Vielleicht reicht dies schon aus, stark genug für eine Aufgabe zu sein, wenn keine Energie an Nebenschauplätzen verloren geht. Wenn wir uns also immer wieder fahrig fühlen und öfters den Faden verlieren, kann uns das Habichtskraut helfen.

Hagebutte

Die Heckenrose – wie sie auch genannt wird – kann bis zu 5 Meter hoch werden. Der Namensteil Hag weist auf Hecke hin, wozu sie gerne verwendet wurde, Butten sind die Verdickung, die im Herbst als Früchte entstehen. Im Innern befinden sich keine Kerne sondern Nüsse – auch wenn sie so winzig sind. Das Fleisch der Hagebutten kann man zu Speisen und Tees verarbeiten, aus den Nüssen kann Öl gewonnen werden. Zum Räuchern eignen sich auch einfach die Blätter. Sie verströmen einen typischen Hagebuttenduft, frisch, fruchtig und belebend.

Ihre Kraft

Sie verstärkt magische Kräfte, stärkt die Gesundheit, und wirkt gegen böse Einflüsse. Früher hat man die Hagebutten unter der Türschwelle vergraben, um sich vor bösen Flüchen zu schützen. Sie deckt Intrigen, Schadenzauber und Flüche auf.
Ihr Planet ist die Venus, ihr Element das Feuer.

Zeiten zum Räuchern

Im Frühling

Die Räucherung stärkt die Fruchtbarkeit, der frische Geruch der Räucherung beflügelt uns – auch um eine neue Beziehung einzugehen.

Im Sommer

Die Hagebutte vertreibt Schwäche und motiviert uns, Neues anzupacken.

Im Herbst

Der Rauch der Hagebutte stärkt in der kalten Jahreszeit unsere Gesundheit und die Abwehr – auch in mentaler Hinsicht.

Im Winter

Das Räucherritual bietet uns Schutz und Hilfe, vertreibt schlechte Stimmung und lässt uns klare Gedanken fassen und Zusammenhänge erkennen.

Gute Gelegenheiten zum Räuchern

Kraft

Die Hagebutte ist für jedes magische Werk eine gute Ergänzung, denn sie verstärkt die magische Potenz. Sie kräftigt uns und unseren Glauben – den Glauben an das Gute und an die Kräfte in unserem Innern.

Schutz

So undurchdringlich sie als Hecke ist, so schützt sie uns vor bösen Einflüssen – auch vor ganz alltäglichen Anfeindungen oder macht uns gegen Stress widerstandsfähiger.

Abgrenzung

Sie hilft uns eine Grenze zu ziehen, so dass wir wieder zu uns selbst finden. Besonders, wenn unser Einsatz in letzter Zeit viel zu groß war und wir uns ausgepowert fühlen. Aufopferndes Verhalten nutzt schlussendlich niemandem. Wenn eine Aufgabe uns ausgezehrt hat, muss man wieder zu sich selbst finde. Einen solchen Prozess kann die Hagebutte begleiten.

Hahnenfuß

Der Scharfe Hahnenfuß gehört zur Familie der Hahnenfußgewächse, er ist eine ausdauernde, krautige Pflanze mit einer Wuchshöhe von 30 bis über 100 Zentimetern und kann ein Rhizom bilden. Der kahle, dünne Stängel trägt die leuchtend gelbe Blüte, sie besteht aus fünf Kelchblättern und misst einen bis knapp drei Zentimeter im Durchmesser. Auffällig sind auch die Laubblätter, sie haben die Umrisse eines Pentagramms, sie wachsen wechselseitig, bodennah, sind drei bis fünfteilig und tief geteilt. Oft wird der Hahnenfuß im Volksmund auch Butterblume genannt, damit kann regional aber auch der Löwenzahn gemeint sein, in England heißt er ganz regulär *Buttercup*.

Ein Wort zur magischen Anwendung: Das Kraut ist grundsätzlich giftig. Bereits im Altertum wurde es für magische Zwecke verräuchert. Sei Dir bewusst, die Wirkung ist stark, nutze bitte nur wenig von dem Kraut und bedenke stets, welche Kräfte Du damit entfesseln kannst.

Seine Kraft

Das Kraut stärkt die Sinneskraft, verhilft zu Visionen und öffnet das Tor zur Anderswelt. Es wurde bereits vor langer Zeit genutzt, um Wesenheiten zu zitieren – nicht für eine Visionen ihrer Anwesenheit, sondern um sie materialisieren zu lassen.

Sein Element ist das Feuer, sein Planet die Venus.

Zeiten zum Räuchern

Bei zunehmendem Mond

Eine Räucherung schärft Deine Sinne. Ein Ritual ist somit eine gute Vorbereitung für eine Zeit, in der Du viel lernen musst, weil Du eine unbekannte Welt betrittst wie z. B. eine neue Arbeitsstelle oder weil Du Dich auf eine Prüfung vorbereiten willst. Die Kraft des zunehmenden Mondes hilft Dir dabei.

Bei abnehmendem Mond

Der abnehmende Mond, das schwindende Licht unterstützt Dich bei der Schau nach innen, es verhilft Dir zu Eingebungen. Deine innere Stimme kannst Du jetzt besser hören und eine Räucherung kann zu Visionen verhelfen. Auch bei einer Beschwörung ist eine Räucherung ein starker Begleiter.

Im Frühjahr und Sommer

Es stärkt das Selbstvertrauen und schärft die Selbsteinschätzung. Wir können uns bewusst machen, wo unsere Stärken liegen und was wir alles erreichen können. Und natürlich erkennen wir auch besser, wovon wir besser die Finger lassen sollten und woran wir uns nur überheben werden. Du wirst deutlich spüren, was Dir liegt – nämlich dann, wenn es sich schlicht "gut" anfühlt.

Gute Gelegenheiten zum Räuchern

Der Hahnenfuß begleitet zum einen jegliches Experiment, bei dem Du die Hilfe magischer Wesen anrufst, aber auch bei einem Orakel. Außerdem hilft es bei Experimenten, um die Aufmerksamkeit – auch Deiner Person gegenüber – zu erhöhen. Zusätzlich stärkt es die geistige Vitalität.

Hirtentäschel

Das Gewöhnliche Hirtentäschel gehört zur Gattung der Kreuzblütengewächse, es ist eine ein- bis zweijährige, krautige Pflanze und hat eine Wuchshöhe von 10 bis 50 Zentimetern. Die schmalen, gezähnten Laubblätter sind am Boden als Rosette angeordnet. Die Sprossachsen tragen Trauben von Blüten, sie werden zu den charakteristischen herzförmigen Schoten, die bis zu 12 Samen enthalten.

Seine Kraft

Das Kraut hat wie kaum ein anderes die Kraft, uns mit der Nachtseite der Welt zu verbinden – auch mit der Nachtseite unseres Bewusstseins. Zum einen ermöglicht es den Kontakt mit der Anderswelt, zum anderen hilft es bei jeglicher Wahrsagerei oder um hinter den Schleier zu Blicken, die Dinge also zu verstehen und zu begreifen.

Sein Planet ist der Mond, sein Element die Erde.

Zeiten zum Räuchern

Vollmond

Das Hirtentäschel steht in einer wundersamen Beziehung zum Mondrhythmus. So lässt es sich in Abhängigkeit der Mondphasen anwenden und dient bei jedem Mondritual. Bei Vollmond lässt es uns an seiner weiblichen Stärke teilhaben, es verstärkt unsere intuitive Kraft und lässt uns Dinge besser fühlen als begreifen. Somit verbindet es uns mit unserer verborgenen Seite, auch mit unseren verborgenen Fähigkeiten. Zur Selbstreflexion kann es sehr dienlich sein – doch pass auf – es kann Dir auch Dinge über Dich offenbaren, die Dich überraschen oder einen dunkeln Aspekt Deiner Person offenbaren!

Herbst

An Allerheiligen – oder Samhain – hilft es uns bei Orakeln und Praktiken der Wahrsagerei. Dazu eignen sich viele Wahrsagepraktiken wie Pendeln oder der Blick in eine Kristallkugel. Die Techniken helfen uns, frei zu assoziieren und Lösungen durch den Blick aus einer anderen Perspektive zu finden.

Gute Gelegenheiten zum Räuchern

Generell unterstützt uns eine Räucherung bei jedem magischen Werk und stärkt unsere magische Kraft.

Zu Beginn eines Rituals kann das Kraut verräuchert werden, um uns zu erden. Aber auch wenn wir im Alltag das Gefühl haben, an Bodenhaftung zu verlieren, wenn wir sicher auftreten wollen, dann unterstützt uns eine Räucherung mit Hirtentäschel.

Bei Entspannungsübungen oder wenn wir einfach vom Alltag abschalten wollen, kann ist eine Räucherung mit Hirtentäschel nur zu empfehlen. Es beruhigt und hilft uns zu zentrieren und somit den Alltag hinter uns zu lassen. Dann haben wir die Möglichkeit, neue Kraft zu tanken.

Holunder

Der Schwarze Holunder kann als Strauch oder als kleiner Baum eine Wuchshöhe von über 10 Metern erreichen. Er hat eine grau-braune Rinde. Die unpaarig gefiederten Laubblätter stehen meist zu fünf oder zu siebt gegenpaarig, sie sind elliptisch, spitz, gesägt und werden bis zu 12 Zentimeter lang. Die Blüten stehen in Schirmrispen, haben jeweils fünf Kelchblätter, sind weiß bis leicht gelblich und duften typisch. Selbst die Laubblätter riechen aromatisch, wenn man sie mit den Fingern zerreibt. Im Herbst bilden sich rote Steinfrüchte, die später schwarz werden, sie bergen drei Kerne.

Seine Kraft

Seine Kraft schützt uns, er ist ein wahrer Beschützer der Familie – besonders für Kinder und Frauen. Aber auch die Reinigung und die Heilung unterstützt er.

Zum Räuchern eignen sich die Blätter, die Beeren und besonders die Blüten. Sein Planet ist der Mond, sein Element das Wasser.

Räuchermagie

Reinigung

Alle Reinigungsrituale lassen sich mit einer Holunder-Räucherung begleiten oder durchführen, z. B. bei einem rituellen Reinigungsbad. Ebenfalls lassen sich mit einer Räucherung die Reinigung und das Einsegnen der magischen Werkzeuge, wie Athame, Kelch oder Siegel durchführen.

Heilung

Eine Heilräucherung lässt sich mit der Pflanze durchführen, also alle Riten der Heilung – auch der seelischen. Mit ihr finden wir Ruhe und Zeit zum Nachdenken.

Harmonie

Die Räucherung unterstützt den Familiensinns und die Harmonie, besonders in den Wintermonaten eignet sich eine "familiäre" Räucherung mit den Blättern des Holunders sehr gut. Es reicht oft schon bei einem gemütlichen Zusammensitzen einfach ein paar Blätter zu verräuchern.

Schutz

Der Holunder wird dem Mond zugeordnet und ist somit dem weibliche Geschlecht sehr zugetan. Deshalb lässt sich mit dem Holunder Schutz für uns oder für unsere Liebsten anrufen – besonders schützt er Frauen und Kinder.

Wahrsagerei

Die weibliche Seite jeder Person ist aber auch der mystische Teil in jeder von uns – das Mediale, das Sehende – unabhängig vom Geschlecht. Deshalb kann man ihn bei einem Orakeln verräuchern.

Die Geister der Ahnen

Mit einem Holunder-Räucherritual lassen sich die Geister und die Ahnen anrufen. Somit können wir Kontakt zu verschüttetem Wissen schließen und von den Erfahrungen der vorangegangenen Generationen schöpfen.

Hopfen

Der Wilde Hopfen gehört zu den Hanfgewächsen; er ist eine einjährige, krautige Kletterpflanze, deren rechtsdrehende Triebe bis zu sechs Meter hoch wachsen können. Die gezähnten Laubblätter sind meist herzförmig und dreilappig. Das Kraut ist zweihäusig, die Blüten sind also zweigeschlechtlich, der männliche Blütenstand ist eine Rispe, der weibliche eine zapfenartige Scheinähre.

Die typischen Hopfendolden eignen sich gut zum Räuchern, sie verströmen einen angenehmen, süßlichen Duft.

Seine Kraft

Seine Kraft liegt in der Ruhe, er sorgt für eine ausgeglichene Stimmung und lässt uns unsere eigene Mitte wiederfinden. Die beiden Geschlechter, die ihm innewohnen, spiegeln seine Polarität wieder, denn ohne die Anziehungskraft untereinander, ohne das Zusammenfinde, wäre der Hopfen ausgestorben. Stattdessen ist er verwildert, hat sich ausgebreitet und wächst nahezu überall.

Seine Planeten sind der Mars und die Venus, sein Element das Wasser.

Zeiten zum Räuchern

Im Frühling

Die Räucherung unterstützt alle Rituale, die das innere Gleichgewicht stärken. Somit eignet es sich auch als Vorbereitung zu einem magischen Werk.

Im Sommer

Ein Räucherritual lässt uns erholsamen Schlaf finden, um zu Kräften zu kommen. Aber auch im Schlaf ist unser Bewusstsein aktiv! Mediale Eingebungen können gesteigert werden, dies symbolisiert schon das Element Wasser, unter dem der Hopfen steht.

Im Herbst

Jetzt beginnt die Zeit des Loslassens, nicht nur in der Natur. Wir können mit einer frisch geernteten Hopfenblüten-Räucherung die eigene Balance stabilisieren.

Im Winter

Für die Heilung, auch von seelischen Wunden, ist jetzt der richtige Zeitpunkt.

Gute Gelegenheiten zum Räuchern

Das Hopfenräucherritual ist für jegliche Operation geeignet, in der es um Stabilität und Einigkeit geht – besonders um mit sich selbst ins Reine zu kommen und die innere Mitte zu finden. Aber der Hopfen vereint uns auch mit unseren Mitmenschen. Er hilft neue Kontakte zu schließen, und alte Fehden niederzulegen.

Heilwirkung

Mit einem Räucherritual kann man Amulette aufladen, die man für Heilzwecke aber auch zum Schutz benutzen will.

Jakobs-Greiskraut

Die Jakobs-Greiskräuter sind meistens zweijährige bis ausdauernde, krautige Pflanze, die Wuchshöhe beträgt 30 bis 120 Zentimeter, der Stängel ist schwach verzweigt und die wechselständigen Laubblätter sind gefiedert und unregelmäßig gezähnt. Die gelben Blüten stehen in doldiger Rispe. Der reife Samen bildet Schirmchen, ähnlich dem Löwenzahn, die man schon bald an der Blüte, ähnlich einem weißen Haarkranz, sieht. So kam das Kraut zu dem Beinamen Greis. Jakob bezieht sich auf die Blütezeit um den Tag des Heiligen Jakob am 25. Juli, doch meist blüht das Kraut schon früher.

Seine Kraft

Seine Fähigkeiten liegen im Verborgenen, ähnlich einem bestellten Feld; erst wenn das Korn keimt, erkennt man die vorangegangene Leistung des Bauers. Wir können das Kraut nutzen, wenn wir uns leer und ausgebrannt fühlen, ohne Perspektive oder nach herben Rückschlägen. Dem Kraut geht es nicht um bahnbrechende Erfolge, sondern es schöpft Kraft aus einem Neuanfang, auch wenn wir nicht glauben können, dass sich unsere Situation jemals ändern wird.

Sein Planet ist der Saturn, sein Element die Erde.

Zeiten zum Räuchern

Bei Vollmond (am besten im Spätsommer und Herbst)

Eine Räucherung gibt uns Kraft, innezuhalten und nachzudenken. Besonders wenn wir uns entwurzelt fühlen, keinen Halt spüren und nicht das Gefühl haben, dass die Leute hinter einem stehen, dann kann das Kraut uns weiterhelfen. Wir erkennen, was wir an unserer Situation ändern müssen, um wieder eine Basis zu schaffen und Akzeptanz bei unseren Mitmenschen zu finden. Das kann im Beruf aber auch bei Freunden und innerhalb der Familie sein. Dann werden wir auch wieder ernstgenommen und können unsere Situation ändern. Das Jakobskraut kann uns auffangen wie ein gütiger, weiser Wegbegleiter, wie ein Großvater. Aber er erledigt nicht einfach alles für uns, wie für einen unmündigen Menschen. Er schafft die Bedingungen, so dass wir uns selbst aus der Situation befreien können. Trotzdem sehen wir seine Taten nicht – er handelt im Verborgenen und spendet Mut und Kraft.

Im Herbst

Die Räucherung schützt uns und unsere Werkzeuge, z. B. können wir Amulette magisch aufladen.

Gute Gelegenheiten zum Räuchern

Das Jakobskraut hilft uns nicht aus schillernden Katastrophen, sondern aus langatmigen, fast schon depressiven Situationen, vielleicht nach einem Verlust oder einer gravierenden Änderung in unserem Leben, z. B. nach einem Umzug in eine ferne Stadt oder bei dem Start in einen neuen Beruf. Wir haben keine Idee, wie und wann sich die Dinge wieder ändern werden, aber eine neue Möglichkeit ist oft nur ein Schritt weit entfernt und schon am nächsten Tag kann man die Gewissheit spüren, dass es weiter gehen wird, und wir machen eine positive Erfahrung. Aus dieser Kraft können wir schöpfen und bald das Leid der letzten Wochen und Monate hinter uns lassen.

Wiesen Kerbel

Der Wiesen-Kerbel gehört zur Gattung der Kerbelgewächse und zur Familie der Doldenblütler, er ist eine ausdauernde oder zweijährige, krautige Pflanze und hat eine Wuchshöhe von 60 bis 150 Zentimetern. Der Stängel ist kantigen und gefurcht. Die Laubblätter sind gefiedert und laufen in dreieckiger Form spitz zu. Die Blüten sind weiß und stehen in Doppeldolden.

Seine Kraft

In Küche und Heilmedizin hat der Kerbel eine lange Tradition. Bereits die Römer lobten seine übernatürlichen Kräfte und haben die Kraft der Pflanze geschätzt. Seine Kraft stärkt unsere kognitiven Fähigkeiten und lässt uns verborgene Dinge klarer erkennen. Außerdem wird er als Schutzpflanze und zur Reinigung eingesetzt.
Sein Plante ist der Saturn, sein Element die Luft.

Zeiten zum Räuchern

Im Frühling

Der Kerbel vertreibt den Winter in uns, wir können uns auf neue Aufgaben vorbereiten und sehen viele Dinge klarer und vielleicht auch aus einer anderen Perspektive.

Im Sommer

Eine Räucherung ist angenehm vitalisierend. Ziele anderer Personen werden für uns leichter durchschaubar und Zusammenhänge werden uns deutlich.

Im Herbst und bei abnehmendem Mond

Der Kerbel eignet sich zur Reinigung, besonders nach sehr intensiven Ritualen sind die Reinigungen der magischen Gegenständen und des Raumes, in dem wir arbeiten, mit einer Räucherung durchzuführen. Im Herbst kann man allen Gegenständen einer gründlichen Reinigung zukommen lassen.

Im Winter

Der Rauch vertreibt Unsicherheit und lässt uns erkennen, was hinter den Problemen liegt, vor denen wir so ratlos stehen.

Gute Gelegenheiten zum Räuchern

Eine Räucherung stabilisiert unsere Meinung und festigt uns, wenn unsere Gedankengänge zerstreut sind und wir im Geiste immer wieder abschweifen wollen. Das Ritual lässt uns die eigentliche Essenz der Dinge erkenne, die Wahrheit hinter dem Offensichtlichen. Die Räucherung hilft uns, Ordnung ins Chaos unserer Gedanken zu bringen. So hilft sie gegen Grübeleien und stärkt uns, wenn wir uns bei schwierigen Aufgaben oder beim Lernen fokussieren müssen.

Eine Räucherung kann eine angenehme, freundliche Stimmung zaubern. Nicht nur eine oberflächliche Harmonie, sondern eine Stimmung mit einer gewissen Tiefe. Probleme sind zu bewältigen und eine gewisse Leichtigkeit im Umgang mit unseren Liebsten macht sich breit – eine Konzentration auf das Wesentliche.

Knoblauchsrauke

Die Knoblauchsrauke gehört zu den Kreuzblütengewächsen, sie hat eine Wuchshöhe von 20 bis 100 Zentimetern und ihre Blüten bestehen aus vier kreuzförmig angeordneten Blütenblättern. Sie ist eine zwei- bis mehrjährige, krautige Pflanze. Die herzförmigen, buchtig gekerbten Laubblätter sind wechselseitig angeordnet. Zerreibt man die Blätter mit den Fingern, verströmt sie einen leichten Geruch von Knoblauch.

Ihre Kraft

Die Knoblauchsrauke hilft bei einem beschwerlichen Weg, der vor uns liegt, vielleicht eine Arbeit, die man stets aufschiebt, die aber gemacht werden will, z. B. eine Entschuldigung, die einem Bauchschmerzen bereitet oder ein Kritikgespräch, wovor man sich fürchtet. Dann kann ein Ritual für Kraft und Energie mit diesem Kraut zelebriert werden.

Außerdem ist sie geeignet, um zu erden und zu reinigen, somit ist sie ein perfektes Kraut, ein Ritual vorzubereiten.

Ihr Planet ist der Mars, ihr Element das Feuer.

Zeiten zum Räuchern

Im Frühling

Bei einer beschwerlichen Aufgabe, bei der man aber durchhalten muss, hilft ein Räucherritual mit dem Kraut.

Im Sommer

Auch wenn das Ende nicht in Sicht ist, irgendwann bessern sich die Zeiten, ein Ritual hilft, die Welt nicht in schillerndsten Farben Schwarz zu malen.

Gute Gelegenheiten zum Räuchern

Die Knoblauchsrauke hilft bei jeglichem Unternehmen, in dem man feststeckt, eine Arbeit, die aber unbedingt erledigt werden muss. Vielleicht haben wir Angst vor Konsequenzen, was einmal aus unserer Arbeit wird – oder Angst was passiert, wenn wir jetzt aufhören. Das kann eine Ausbildung sein, ein Studium oder eine Beziehung. Wir brauchen in einer solchen Phase neue Energie, einen neuen Impuls und einen guten Ratgeber. Klarheit können Rituale und Räucherungen mit der Knoblauchsrauke verschaffen. Die Zermürbung liegt oft im Grübeln selbst und nur in zweiter Linie am eigentlichen Problem, welches nur der Auslöser für die zermürbenden Gedanken war.

Außerdem eignet sich eine Räucherung mit der Knoblauchsrauke vor jedem Ritual. Konzentriere Dich dabei, ganz Du selbst zu sein. Dies gibt Dir Halt und Kraft für Dein Vorhaben.

Du kannst auch mit dem Kraut Deine magischen Gegenstände einsegnen oder eine Reinigung derselben begleiten.

Zum Austreiben feindlicher Mächte und zum Vertreiben von bösen Geistern und schlechter Stimmung ist die Knoblauchsrauke ebenfalls geeignet.

Lavendel

Der Lavendel gehört zu den Lippenblütlern, er hat oft stark verästelte Zweige, mit schmalen, vier bis fünf Zentimeter langen, lanzettlich geformten, gegenständig angeordneten Blättern. Die violetten Blüten stehen in ährigen Blütenständen. Die Pflanze kann eine Wuchshöhe von über einem Meter erreichen.

Seine Kraft

Die Gestalt der Pflanze verspricht eine gewisse Anmut, sie ist von schöner Farbe und verströmt einen fast schon betörenden, frischen Duft. So wurde sie schon bei den Römern zur Pflanze der Sauberkeit, und dies ist auch die Bedeutung ihres Namens. Sie verdrängt Schmutz und Böses und reinigt. Der Lavendel ist ein Kraut des Lebens, er hilft gegen Erschöpfung und Unruhe und fördert einen guten, erholsamen Schlaf. Er vertreibt üble Stimmung und hilft gegen Depressionen. Die Pflanze ist anregend – fast schon erregend. Der Lavendel hilft, den ersehnten Partner zu finden, besonders den Frauen ist er dabei sehr hilfsbereit. Der Lavendel ist aber grundsätzlich für jedes Liebesritual geeignet – auch für Männer! Er ist der Beschützer der Liebe, auch hier zeigt sich die reinigende Wirkung, sind doch Reinheit und Frieden wichtige Stützen einer großen Liebe.

Sein Planet ist der Merkur, sein Element die Luft.

Zeiten zum Räuchern

Im Sommer

Ein Ritual mit Lavendel zieht den Mann Deiner Träume an. Das gilt natürlich auch für das andere Geschlecht, aber die Anziehungskraft auf Männer ist bei Lavendel einfach stärker ausgeprägt. Ein Räucherritual kann die Liebe festigen, Gefühle vertiefen und die Partnerschaft stützen.

Im Winter

Eine Räucherung mit Lavendel erzeugt besonders jetzt eine wohnliche Stimmung, sorgt für Frieden und Zusammenhalt. Außerdem reinigt eine Räucherung die Wohnung bzw. das Haus.

Gute Gelegenheiten zum Räuchern

Die Räucherung mit Lavendel dient bei allen Ritualen der Reinigung. Wir sollten uns klar machen, was eine Reinigung bedeutet: Wir entledigen uns aller nicht gewünschter Einflüsse und "Beschmutzungen": Somit ist das Ritual auch geeignet, geistige Klarheit und somit Durchblick zu erhalten.

Wenn wir Liebeskummer haben oder wenn wir von der Sehnsucht nach einem Menschen getrieben werden, dann kann ein Lavendel-Räucherritual uns weiterhelfen. Aber auch eine bestehende Beziehung kann mit einer Räucherung gestützt werden. Denn wir sollten uns der Liebe eines anderen Menschen niemals (allzu) sicher sein!

Leinkraut

Das Leinkraut bildet eine eigene Gattung – die der Leinkräuter. Das echte Leinkraut ist eine ausdauernde, krautige Pflanze und hat eine Wuchshöhe von 20 bis 80 Zentimetern. Die Laubblätter sind lanzettlich geformt und ganz schmal. Ihre Blüten stehen traubig zusammen und sind orange-gelb. Wegen seiner hübschen Blütenform wird das Kraut auch Kleines Löwenmaul genannt. Andere Begriffe sind Frauenflachs oder Katharinenkraut. Regional gibt es sehr viele weitere Bezeichnungen. Das Leinkraut gehört auch zu den Berufkräutern.

Seine Kraft

Das Leinkraut ist die Fortsetzung der Knoblauchsrauke. Jetzt ist das Schlimmste geschafft und wir können zu neuen Ufern aufbrechen. Vielleicht beginnt ein neuer Lebensabschnitt mit vielen aufregenden Neuerungen – und natürlich mit all den Ungewissheiten, Enttäuschungen und Gefahren, gegen die wir uns wappnen müssen. Schutz gibt uns das Leinkraut. Früher hat man den Fluch, der vermeintlich auf einen lastet, auf die Berufkräutern übertragen. Dies ist eine schöne Idee für ein Ritual: Bespreche das getrocknete Kraut und lege es auf die Kohle – siehe zu, wie sich all Dein "Elend" in Rauch auflöst!

Sein Planet ist der Mond, sein Element die Luft.

Zeiten zum Räuchern

Im Frühling

Das Licht des Mondes, unter dem das Kraut steht und sein Element Luft zeigen die idealen Voraussetzungen des Krautes für ein Lichtritual an. Es möge uns erleuchten und Licht in fragliche Angelegenheiten bringen, denn es stärkt unsere Assoziationsfähigkeit und lässt uns ganz neue Ideen entwickeln.

Im Sommer

Schutz und Segensrituale sind besonders wirkungsvoll mit einer Räucherung mit Leinkraut.

Im Winter

Hier ist seine Kraft besonders groß, gerade am Ende des Winters. Es gibt uns Schutz bei jedem neuen Vorhaben und erfüllt uns mit Kraft. Es vertreibt Anfeindungen oder Gehässigkeiten von Mitmenschen, aber auch die dunklen Schatten in uns – allein dies ermöglicht es uns, besser zu strahlen und attraktiver zu erscheinen.

Gute Gelegenheiten zum Räuchern

Als Berufkraut schützt es uns vor bösen Geistern und Mächten. Dies kann im Alltag im Kampf gegen Mobbing, Intrigen, Neid und Gehässigkeit sehr hilfreich sein. Es begleitet uns, wenn wir spüren, dass ein neuer Abschnitt beginnt, vielleicht gibt es einen netten Menschen, den wir näher kennenlernen wollen, vielleicht spüren wir auch einen neuen Lebensabschnitt. Wir fühlen, dass die Kraft steigt und dass das Leben es gut mit uns meint. Dann kann man diese Fügung mit einem Räucherritual unterstreichen und dies gibt uns zusätzlich Schutz und Kraft.

Löwenzahn

Der Gewöhnliche Löwenzahn gehört zu den Korbblütlern, er ist eine ausdauernde, krautige Pflanze mit einer Wuchshöhe von 10 bis 30 Zentimetern. In seinem Stängel findet sich eine weißliche Milch. Seine Pfahlwurzel reicht einen Meter, in Extremfällen bis zu zwei Meter tief in die Erde. Seine Laubblätter stehen am Boden in einer Rosette um die Pflanze, sie können 10 bis 30 Zentimeter lang werden, sind eilanzettlich geformt und gezähnt. Die Blüten sind gelb und die daraus sich entwickelnden Früchte haben haarige Flugschirmchen, sie bilden die typische Pusteblume.

Seine Kraft

Er unterstützt Meditation und Zentrierung. Somit hilft er bei allen Orakeln und Weissagungen. Sein Blütenkopf gleicht der Sonne – ein Symbol des Lichtes. Unterirdisch hat er eine Pfahlwurzel, die tief in die Erde reicht. Jeder, der schon mal versucht hat einen Löwenzahn auszureißen, weiß, mit welcher Kraft er verwurzelt ist. Zum Kontrast zu dieser Wurzel erscheint die Blüte wie eine kleine leuchtende Sonne. Somit verbindet der Löwenzahn die Unterwelt und die Welt des Lichtes. Er hilft, Kontakt mit dem Unbewussten herzustellen und Antworten auf die Fragen aus dem Verborgenen ans Licht zu holen. In alter Zeit wurde er auch zur Totenbeschwörung genutzt, besonders an Allerheiligen.

Sein Planet ist der Jupiter, sein Element die Luft.

Zeiten zum Räuchern

Im Frühling

Eine Räucherung mit Löwenzahn sorgt für eine klare Atmosphäre, innerlich wie äußerlich. Wir sind dann von einer gewissen Frische erfüllt und können zu neuen Taten aufbrechen.

Im Sommer

Er hilft uns, von alten Mustern loszulassen, besonders wenn wir spüren, dass wir so nicht weiter arbeite können und uns nur noch im Kreise drehen.

Im Herbst

Eine Räucherung ebnet uns den Weg, erfolgreich bei Weissagungen zu sein, außerdem können wir den Kontakt zu Verstorbenen und zu lieben Verwandten schließen.

Im Winter

Verbreitet er eine angenehme Atmosphäre und sorgt für innere Ausgeglichenheit.

Gute Gelegenheiten zum Räuchern

Kontakt und Orakel

Eine Räucherung mit Löwenzahn ist bei der Anrufung von Geistern und zur Weissagung geeignet. Er verschafft eine ruhige, angenehme Atmosphäre, in der wir die nötige Kraft für ein Ritual finden, besonders für den Kontakt mit Verstorbenen. Der Löwenzahn kann nicht nur den Kontakt verstärken, er schützt uns dabei auch vor allen bösen Mächten. Alle Rituale, die Verbindung mit den Luftgeistern herstellen, unterstützt der Löwenzahn besonders.

Reinigung

Mit dem Löwenzahn kann man Räume aber auch die eigene Seele reinigen, so dass man für eine Meditation oder für ein magisches Werk gut vorbereitet ist.

Mistel

Die Mistel gehört zur Familie der Sandelholzgewächse. Am häufigsten und charakteristischsten kommt in unseren Breiten die Weißbeerige Miste (Viscum album) vor. Sie ist ein sogenannter Halbschmarotzer, sie entzieht ihrem Wirtsbaum Wasser und Mineralien, durch Fotosynthese kann sie aber ihre eigenen Nährstoffe bilden. Die Mistel ist ein immergrüner Strauch, sie wächst zu kugelförmigen Büschen von bis zu einem Meter Durchmesser. Ihre Laubblätter sind verkehrtlanzettlich also am Ende stumpf, ledrig und werden etwa drei bis sieben Zentimeter lang. Die Blüten sind gelb und unscheinbar; sie bilden weiße, durchscheinende Beeren.

Wissenswertes

Die keltischen und gallischen Völker, aber auch die Römer verehrten diese Pflanze sehr; bereits Plinius der Ältere berichtete ausführlich von ihr. Misteln, die auf Eichen wachsen, galten als die mächtigsten. Bis ins Mittelalter sah man die Mistel als

Universalheilmittel. Man glaubte, die Pflanze sei himmlisch und sie würde direkt aus dem Himmel fallen und sich auf die Bäume sähen. Da die Samen oft über Vögel verteilt werden, ist diese Vorstellung gar nicht mal so abwegig. Nach alter Vorstellung dürfen die Misteln, wenn man sie schneidet, nicht den Boden berühren, denn sonst büßen sie ihre Kraft ein.

Noch heute pflegt man vielerorts den keltischen Brauch, Mistelzweige im Winter aufzuhängen. Wenn sich ein Liebespaar darunter küsst, steht ihnen eine glückliche und fruchtbare Beziehung bevor.

Die gabelige Verzweigung der Äste wurde zum Vorbild der klassischen Wünschelrute.

Ihre Kraft

Bereits die Kelten nutzten die Mistel, um Dämonen abzuwehren und das Haus vor Blitz und Feuer zu bewahren, denn man glaubte, ein Baum, auf dem Misteln wachsen, würde nie von einem Blitz getroffen.

Die Mistel hat die Kraft, den Weg in die Anderswelt zu bahnen und die Tore zur Unterwelt zu öffnen. Außerdem stiftet sie Liebe und Erfolg bei der Arbeit.

Da sie gegen Feuer schützt, schützt sie gegen das Feuer des Temperamentes, also vor hitzigen Reaktionen und kann beruhigend wirken. Die Ruhe kann sich auch auf den Schlaf auswirken und den Alp – also schlechte Träume – vertreibt.

Ihr Planet ist der Mond, ihr Element das Wasser.

Räuchermagie

Kontakt

Ein Räucherritual mit der Mistel bietet guten Schutz und dient der Vorbereitung, um in die Anderswelt einzutauchen. Somit ist sie ein guter Begleiter für jeglichen Kontakt mit astralen Wesen.

Liebe

Bei der Durchführung eines Liebesrituals – um Liebe zwischen Menschen zu stiften – wirkt eine Mistelräucherung ebenfalls.

Schlaf und Ruhe

Um Ruhe vor dem Alltag zu finden oder um Schlafprobleme zu bekämpfen, ist ebenfalls ein Räucherritual von Nutzen. Sie hilft abzuschalten und das Karussell im Kopf zu beenden und Kraft für neue Gedanken zu finden.

Gute Zeiten zum Räuchern

Vollmond

Rituale mit der Mistel sind bei Vollmond am stärksten. Besonders Rituale für die Liebe oder um einen Menschen für Zweisamkeit zu finden.

Wintersonnenwende

Häusliche Stimmung, Gemütlichkeit und Behaglichkeit lassen sich mit einer Mistelräucherung gut unterstreichen.

Der Winter eignet sich, um mit einer Mistelräucherung Beziehungen zu festigen.

Die Nacht auf Allerheiligen

Jetzt ist ein guter Zeitpunkt, um mit der Mistelräucherung die Geister der Verstorbenen anzurufen und Kontakt zu ihnen aufzubauen.

Ein Mistel-Ritual, die Ahnen anzurufen

Ziehe Dich an einen ruhigen Ort zurück und "reinige" Dich selbst: versenke Dich, konzentriere Dich und mache Dich von allen Gedanken frei, die Dich belasten.

Weihe einen Dolch, der entweder neu ist oder stets zu rituellen Zwecken genutzt wird. (Somit kannst Du auch ein gewöhnliches, scharfes Messer zu Deinem rituellen Dolch machen.) Lege den Dolch auf ein weißes Tuch vor Dich hin oder auf einen Altar und entzünde eine Kerze. Bestreue ihn dreimal mit einer Prise Salz. Sprich beim ersten Mal: "Dieses Salz nimmt alle Unreinheit auf." Bei der zweiten Prise sprich: "Dieses Salz vertreibt alle Unreinheit." Sprich beim dritten Mal: "Dieses Salz gibt dir Kraft."

Konzentriere Dich dann und stell Dir vor, wie schwarze Wolken aus dem Dolch herausfahren und in der Luft verwehen. Lösche dann die Kerze.

Gehe an einem Freitagabend zu einem Baum, der Misteln beherbergt. Schneide einen Mistelzweig mit dem Dolch ab und lege ihn in einen Stoffbeutel. Zupfe Zuhause die Blätter vom Zweig und trockne sie ca. eine Woche lang.

Zeichne in einer Vollmondnacht einen Kreis von ca. einem bis anderthalb Meter Durchmesser auf den Boden oder auf Papier. Zünde drei Kerzen an, sprich bei der ersten: "Diese Flamme verzehrt alle unreinen Gedanken." Sprich bei der zweiten: "Dieses Licht soll Helligkeit in meine Stimmung bringen." Sprich bei der dritten: "Dieses Licht wacht über meine Beschwörung."

Räuchere die Mistelblätter, setzte Dich in den Kreis, schließe die Augen und visualisiere, wie der Geister des Verstorbenen von Osten her zu Dir kommt. Sprich: "Ich bitte dich, N. N., komm zu mir aus deinem Reich und bringe mir eine Botschaft." Sage frei heraus, was Du von ihm erwartest.

Wiederhole einige Male Deine Anrufung, steigere dabei die Intensität, stell Dich hin, sprich lauter, nimm die Arme empor, lege Leidenschaft in Deine Anrufung, lass Dich von Deinen Gefühlen leiten.

Stoppe dann die Anrufung, setzt Dich entspannt hin und lausche in Dich hinein – ein Dialog mit dem Geist wird sich aufbauen. Je nachdem wie sensitiv Du bist, wirst Du vielleicht eine Erscheinung haben. Sprich mit der Erscheinung.

Bedanke Dich für das Erscheinen, lösche die Kerzen und erkläre das Ritual ganz bewusst für beendet und steige aus Deinem Kreis.

Mohn

Der Klatschmohn gehört zu den Mohngewächsen, er ist eine ein- bis zweijährige Pflanze und hat eine Wuchshöhe von bis zu 80 Zentimetern. Sein behaarter Stängel ist kaum verzweigt, seine Laubblätter sind rau und gefiedert, sie werden etwa 15 Zentimeter lang. Am auffälligsten ist seine große, rote Blüte, genau in der Achse des Stängels, mit vier zarten, großen Kelchblättern. Die Kapselfrüchte in der Mitte der Blüten enthalten hunderte von Samen, den Mohn.

Seine Kraft

So rot seine Blütenfarbe ist, so voller Kraft steckt er auch. Seine Stärke liegt in der Ruhe, die er verbreitet. Das Rot steht für die Liebe – und das schwarze Zentrum erzählt von den Schmerzen, die jede Liebe bereithält. So zerbrechlich und zart wie die Blüten, so zerbrechlich ist jede Beziehung – und will pfleglich behandelt werden.

Außerdem verhilft der Mohn zu Besitz und Wohltand; die Kapsel mit ihren zahllosen Samen sind seit alters her ein Symbol für den Reichtum.

Sein Planet ist der Saturn, sein Element das Wasser.

Räuchermagie

Ruhe und Ausgeglichenheit

Ein Räucherritual mit der Pflanze führt zu Ruhe und Einkehr. Das Ritual hilft der Konzentration auf das Wesentliche und zentriert die Kräfte. Man kann ein Ritual zur Bekämpfung der inneren Hitze, gegen das Aufbrausen und die Aggressionen durchführen – denn es "kühlt" die Emotionen.

Hitze und Leidenschaft

Mit dem Mohn lässt sich hervorragen ein Liebesritual zelebrieren. Besonders für Menschen mit starkem Temperament, die sich nach einer Beziehung sehnen, die sie aufwühlt, mit starken Emotionen und einer Leidenschaft, die ihnen den Kopf verdreht!

Mohn – die regulierende Zauberpflanze

Wir sehen hier wieder einen typischen Aspekt der Kräfte von Kräutern. Zum einen kühlt es die Emotionen, zum anderen kann es Leidenschaft entfachen. Was anscheinend gegensätzlich klingt, ist auch hier wieder die regulierende Kraft des Krautes. Solche Effekte sind oft bei den Kräutern – auch bei ihrer Heilwirkung – zu beobachten.

Deshalb hilft der Mohn auch gegen Liebeskummer oder man versucht ein Ritual zur Partnerrückführung. Ein solches Ritual, mit dem man einen Partner wieder zurückzuholen kann, sollte man sich stets gut überlegen – denn bedenke, vielleicht ist die Beziehung zerbrochen, weil die eigentliche Liebe Deines Lebens noch auf Dich wartet!

Orakel

Bei einem Orakel kann man eine Räucherung mit dem Kraut ebenfalls einsetzen. Meist sieht man an den Pflanzen Knospen, Blüten und Kapseln gleichzeitig. Diese symbolisiert Vergangenheit, Gegenwart und Zukunft. Sie ist die Wandlerin über die Grenzen der Zeit.

Wilde Möhre

Die Wilde Möhre gehört zu den Doldenblütlern, sie ist eine zweijährige Pflanze und hat eine Wuchshöhe von 20 bis 120 Zentimetern. Die Laubblätter sind zwei- bis vierfach gefiedert, ihre weißen Blüten sind doppeldoldig angeordnet. Wenn die Blüten verblühen, rollen sie sich zusammen und sehen aus wie kleine Vogelnester. Ihre Wurzelrübe kann bis zu 80 Zentimeter in den Boden reichen. Sie ist deutlich schmaler als die Gartenmöhre und außerdem bleich, da sie kaum Karotin besitzt.

Ihre Kraft

Die Wilde Möhre strahlt Wärme aus, nicht nur, wenn man die Wurzel isst. Sie steht für Fruchtbarkeit, Lust und alle Konsequenzen einer Beziehung. So erleichtert sie die Geburt und überhaupt führt sie Erleichterung bei Frauenleiden herbei, wie Menstruationsprobleme oder Leiden in den Wechseljahren. Der frische Duft, den eine Räucherung mit dem Kraut verströmt, beflügelt nicht nur, um Neues zu erschaffen, sondern steht auch für Nachhaltigkeit.

Ihr Planet ist der Mars, ihr Element das Feuer.

Zeiten zum Räuchern

Im Frühling

Eine Aufbruchsstimmung kann mit einer Räucherung untermauert werden.

Im Sommer

Nutze die Hitze des Sommers, lass Dich vom Feuer der Liebe und Lust von einem Räucherritual mit der Wilden Möhre entflammen. Die Bereitschaft, eine neue Beziehung einzugehen, wird entfacht.

Im Herbst

Wenn Sorgen Dich bei einer Arbeit oder einer Aufgabe grübeln lassen und Du weißt, dass Du besser frei an neue Projekte gehen solltest, kann Dir die Wilde Möhre helfen. Denke daran, wie ihre Blüte im Herbst zu einem Nest wird! So wird sie Dich schützen und Dir Halt geben.

Im Winter

Wenn konsequentes Handeln gefragt ist, unterstützt Dich ein Ritual mit der Wilden Möhre.

Gute Gelegenheiten zum Räuchern

Die Wilde Möhre hat Feuer, und sie entfesselt Feuer in uns! So ist sie die Richtige, um jegliche Aufgabe mit viel Schwung zu beginnen. Sie schafft elegant den Spagat eine Aufgabe frisch und energiegeladen zu beginnen und doch eine solide Basis zu legen – und dadurch konsequentes Handeln und Nachhaltigkeit zu erzeugen. Somit bleiben wir mit offenem Geist bei der Arbeit und verlieren nicht die Freude. Dazu liefert sie uns den wichtigen Schutz gegen die Gefahren, die jede neue Unternehmung mit sich bringt.

Rainfarn

Der Rainfarn gehört zu den Korbblütlern und zu den Kompasspflanzen, die ihre Blätter stets zur Sonne senkrecht ausrichten. Er ist eine ausdauernde, krautige Pflanze und hat eine Wuchshöhe von 60 bis 120 Zentimetern. Die Laubblätter sind gefiedert und wachsen wechselseitig am Stängel. Die Blüten sind knopfartig und leuchtend gelb. Auffällig ist der markante Geruch, den die Pflanze verströmt.

Seine Kraft

Seine magischen Kräfte verhelfen zur Gesundheit, Langlebigkeit und Vitalität. Außerdem wird der Rainfarn bei Liebeszauber verräuchert.

In alter Zeit wurden das Kraut zur Abwehr von Blitzen und bösen Geistern genutzt. Somit kann man ihn bei einem Schutzzauber einsetzten, um uns gegen jegliche Art von bösen Mächten zu schützen, aber auch gegen Menschen, die uns Böses wollen oder unsere Energie fressen (Vampire). Sein Planet ist die Venus, sein Element das Wasser.

Zeiten zum Räuchern

Aufbruch

Eine Räucherung ebnet den Weg für eine neue Liebe und setzt einen Impuls für einen Aufbruch in eine neue Welt. Der Aufbruch und die neue Liebe werden Dich nicht einengen, sondern werden Dir neue Möglichkeiten geben, so dass Du zur Erfüllung Deiner Wünsch und Träume kommst.

Weite

Ein Räucherritual mit dem Rainfarn lässt Dich Weite spüren. Manchmal ist es wichtig, auch ohne besonderen Anlass, Weite und Ungebundenheit zu fühlen; eine Ahnung von dem großen Kosmos, von der Natur, die uns umgibt; spüre einfach, sie ist noch da. Dies kann ein kleiner Urlaub im Alltag oder eine gute Vorbereitung für ein Ritual sein.

Loslassen

Für alle Rituale, bei denen man sich selbst befreit, z. B. von einem Zwang, einer fixen Idee oder einer schlechten Angewohnheit. Der Rainfarn begleitet uns, wenn wir loslassen wollen oder müssen – vielleicht von einem geliebten Menschen, einer zerbrochenen Beziehung oder einem erst kürzlich verstorbenen Menschen.

Im Winter

Der Winter ist für einen Schutzzauber gut geeignet. Befreie Dich von Deinen "böse Mächte", vielleicht wird Dir bewusst, wer zwar freundlich ist, Dich in Wirklichkeit aber nur ausnutzt und auslaugt.

Gute Gelegenheiten zum Räuchern

Der Rauch des Rainfarns hat eine wunderschöne, frische Raumnote. Eine Räucherung hat eine sehr befreiende Wirkung, man spürt förmlich die Weite und den Wind, der einem um die Ohren saust. Somit unterstützt er Rituale für Vitalität, Kraft und Liebe. Dabei verleiht er Schutz und Mut.

Ringelblume

Die Ringelblume gehört zu den Korbblütlern, sie ist eine einjährige, krautige Pflanze und hat eine Wuchshöhe von 30 bis 50 Zentimetern. Der kantige und behaarte Stängel ist oft erst im oberen Bereich verzweigt. Die Laubblätter sind verkehrtlanzettlich, und können über 10 Zentimeter lang werden. Die Blüten messen ungefähr vier Zentimeter im Durchmesser und sind gelb bis orange. Daraus bilden sich ringförmig gekrümmte Früchte, die der Pflanze ihren Namen gaben.

Ihre Kraft

Die Ringelblume ist wie kaum eine andere Pflanze ein Symbol der Sonne (gut, nach der Sonnenblume). Sie steht für das Feuer, für das Licht und somit für das Sehen und die seherischen Fähigkeiten. Auch wenn die Sonne aus der archaischen Sicht männlich ist, ist die Ringelblume der Ausdruck des Urweiblichen. Sie steht also für die Urtypen, wie die Mutter, die Priesterin, die Hexe, die Weise Frau etc.

So verbindet sich das männliche, lichte Element mit dem weiblichen, der Schattenseite des Bewusstseins. Dies ist eine interessante Mischung, ein typischer dialektaler Ausdruck. Daraus folgt, dass sie Gegensätze verbindet: sie steht für Leben und auch für den Tot, beide Seiten verbindet sie als ein Symbol des ewigen Lebens, die Auferstehung und die Erlösung. Im Volksmund wird sie nicht umsonst Totenblume oder Friedhofsblume genannt, pflanzt man sie doch bis in die heutige Zeit gerne auf Gräbern.

Zeiten zum Räuchern

Im Frühling

Auch der schönste Moment wird zu Ende gehen. Doch mit der Ringelblume zementieren wir das Fundament, damit aus einem unvergesslichen Moment etwas Unvergängliches entstehen kann. Wer verliebt ist oder etwas Beeindruckendes erlebt hat, kann daraus etwas Dauerhaftes entstehen lassen.

Im Sommer

Für alle Rituale, bei denen es um Treue, wahre Freundschaft und Liebe geht, ist das Ritual mit der Ringelblume geeignet.

Im Winter

Das Räucherritual mit der Ringelblume ist für alle trostspendenden Rituale geeignet, nach einem Verlust oder einer zerbrochenen Beziehung. Nach dem Jammertal der Tränen und der Trauer erscheint ein neues Licht – die Ringelblume kann uns zu diesem Licht führen!

Gute Gelegenheiten zum Räuchern

Sie macht aus einem Strohfeuer eine wahre Emotion, sie unterstützt die Liebenden und die wahren Beziehungen, zu Freunden und zur Familie. Aber auch ihre seherischen Fähigkeiten sind nicht zu unterschätzen, das symbolisiert schon ihre Nähe zum Licht – deshalb ist sie für ein Orakel und für Weissagungen gut geeignet.

Schafgarbe

Die Gemeine Schafgarbe gehört zu den Korbblütlern, sie ist eine ausdauernde, krautige Pflanze und hat eine Wuchshöhe von 10 bis 100 Zentimetern. Die Laubblätter sind zwei- bis vierfach fiederteilig und bestehen aus über 15 Fiederpaaren. Der Blütenstand besteht aus vielen kleinen weißen, manchmal auch rosafarbenen Blüten, die doppeldoldig angeordnet sind.

Ihre Kraft

Bereits die Kelten nutzten sie als Orakelpflanze und so kann sie zur Wahrsagerei eingesetzt werden besonders, z. B. um Wahrträume zu erlangen. Ihre magische Kraft reinigt, treibt Geister aus, verschafft Mut und Liebe. Außerdem gibt sie Kraft – besonders in psychischer Hinsicht.

Ihr Planet ist die Venus, ihr Element das Wasser.

Zeiten zum Räuchern

Im Frühling

Besonders wenn wir einen lieben Menschen ins Auge gefasst haben, wir uns aber nicht trauen, den nächsten (oder ersten) Schritt zu machen, hilft ein Ritual mit einer Schafgarben-Räucherung.

Im Sommer

Die eigene, psychische Reinigung ist jetzt mit der Schafgarbe günstig. Denn auch in uns wohnen immer wieder "böse Mächte", sie führen uns zu Unausgeglichenheit und lassen uns unseren Mitmenschen gegenüber unangenehm werden.

Im Herbst

Das Vertreiben "böser Geister" wird mit einer Räucherung unterstützt – das können auch die dunklen Mächte und Stimmungen sein, die von unseren Mitmenschen ausgehen.

Im Winter

Für alle divinatorische Werke ist die Räucherung gut geeignet – also für Orakel und Weissagungen.

Gute Gelegenheiten zum Räuchern

Schutz und Reinigung

Die Schafgarbe wurde auch zum Exorzismus – dem Austreiben böser Geister – verwendet. So ist sie nicht nur eine Schutzpflanze sondern auch zur Reinigung von Menschen, Räumen und den magischen Werkzeugen geeignet.

Erkenntnis

Sie verhilft zu intuitiven Einblicken, lässt uns also kreativ werden und so manches Rätsel lösen. Somit kann man ein Orakel zur Stärkung der eigenen intuitiven Kräfte durchführen. Das führt uns zu tieferen Einblicken, besonders bei mystischen Fragestellungen und bei dem Wunsch, tiefgreifende Zusammenhänge zu erkennen und vielleicht eine mystische Erfahrung selbst zu machen. Nichts unterstützt das Verständnis kosmischer Zusammenhänge so sehr, wie die eigene Erfahrung!

Schöllkraut

Das Schöllkraut gehört zur Familie der Mohngewächse, es ist eine zwei- bis mehr-jährige, krautige Pflanze und kann eine Wuchshöhe von wenigen Zentimetern bis hin zu über einem halben Meter erreichen. Die wechselständigen Laubblätter sind buchtig eingekerbt und erinnern ein wenig an Eichenblätter. Die gelbe Blüte wird von vier Kronblättern dominiert. Im Innern der Pflanze findet sich ein gelblicher Milchsaft.

Seine Kraft

Das Schöllkraut strotzt vor Leben und steckt voller Energie. Es hat die Kraft zu befreien und zu schützen. So befreit es auch von düsteren Gedanken und sorgt für eine gute Stimmung. Außerdem lässt es den Lohn harter Arbeit erkennen und hilft uns, die Früchte zu ernten, die uns zustehen.

Sein Planet ist die Sonne, sein Element das Feuer.

Räuchermagie

Befreiung

In alter Zeit hat man mit dem Schöllkraut Zauber durchgeführt, um Menschen aus ungerechtfertigter Gefangenschaft zu befreien oder um Fallen zu entgehen. Auch uns kann es befreien, geistig wie physisch. Eine Befreiung hat auch immer einen reinigenden Aspekt, dem das Kraut nicht fremd ist.

Lohn der Arbeit

Alchemisten versuchten im Mittelalter aus der Wurzel Gold herzustellen, deshalb nannte man das Kraut auch Goldkraut oder Goldwurz. Das Schöllkraut ist ein Symbol für den Lohn harter Arbeit, u. a. von den eichenähnlichen Blättern symbolisiert – waren doch Eichen von je her ein Symbol für einen wirtschaftlich guten Ertrag. Bei jeder harten Arbeit ist man auf hilfreiche Menschen und Kollegen angewiesen, so spendet das Kraut Eintracht und Vertrautheit.

Die Räucherung hilft Dir, wenn Du von Arbeit und Stress ausgelaugt bist – der Lohn Deiner Arbeit wird sich Dir besser darstellen.

Positive Stimmung

Mit der Fröhlichkeit, die das Schöllkraut spendet, ist eine tief gehende, gute Stimmung gemeint. Somit eignet sich das Kraut zur Bekämpfung einer Depression. Ein Räucherritual hellt nicht nur die Stimmung auf, auch ein Liebesritual kann begleitet werden oder die Stimmung einer sich anbahnenden Beziehung positiv beeinflussen werden.

Reinigung

Das Schöllkraut reinigt die Stimmung und vertreibt dunkle Wolken aus unserem Gemüt. Sämtliche andere Reinigungsrituale lassen sich auch mit dem Schöllkraut durchführen. Eine solche Reinigung befreit nicht nur, sie gibt uns auch Kraft.

Kontakt

Das Schöllkraut wehrt als Schutzkraut nicht nur Böses ab, es hilft auch den Kontakt mit der Anderswelt zu schließen – wozu ein Schutz stets hilfreich ist. Es schützt aber auch ganz allgemein vor bösen Einflüssen, nicht nur bei einem bewusst hergestellten Kontakt mit fremden Wesenheiten, sondern auch im Alltag.

Spitzwegerich

Er gehört – wie der Breitwegerich – zur Familie der Wegerichgewächse; er ist eine ausdauernde, krautige Pflanze und erreicht eine Wuchshöhe von fünf bis 50 Zentimetern. Seine grundständigen Laubblätter stehen in einer Rosette, die Blätter sind schmal und lanzettlich. Der Blütenstand steht auf einem langen Stängel und ist ährig, walzenförmig und deutlich kürzer als beim Breitwegerich.

Seine Kraft

Der Spitzwegerich galt schon in alter Zeit als Heilmittel für Wunden. Magisch wurde er als Abwehrmittel gegen Hexerei und Zauberei genutzt und bereits in früher Zeit zum Räuchern verwendet. Die Räucherung galt als Mittel, um sich von angezauberter Liebe zu befreien. Außerdem gilt er als Orakelpflanze und steht für Schutz und Standhaftigkeit, Stabilität und kontinuierliches Wachstum.

Sein Planet ist der Merkur, sein Element die Erde.

Zeiten zum Räuchern

Im Frühling

Eine Räucherung mit dem Spitzwegerich eignet sich zur energetischen Aufladung von Amuletten und Talismanen.

Im Sommer

Ein Ritual mit dem Kraut zur Anrufung der Geister, besonders die der feurigen Elementargeister, gelingt jetzt gut. Sie unterstützen Dich in Deinem Temperament und geben Dir Kraft und Energie.

Im Herbst

Die Kraft für die Abwehr von "bösen Mächten" und schlechter Grundstimmung ist im Herbst bei einem Räucherritual groß.

Auch Orakle können mit einer Spitzwegerich-Räucherung unterstützt werden.

Im Winter

Die Räucherung befreit Dich und lässt Dich wieder klar denken. Besonders wenn Deine Gedanken durch eine verflossenen Beziehung blockiert sind. Die Räucherung unterstützt den Prozess des Loslassens – ein ganz eigne Art der inneren Reinigung.

Gute Gelegenheiten zum Räuchern

Kontakt mit Wesenheiten

Der Spitzwegerich eignet sich für einen Kontakt mit den Feuerwesen (Salamandern). Sie unterstützen Deine Energie, Dein persönliches Feuer und Temperament.

Beziehungen klären

Außerdem löst ein Räucherritual unerwünschte Beziehung, bzw. hilft Dir beim Loslassen einer beendeten Beziehung.

Magische Vorbereitung – Geldmagie

Die Räucherung schützt Dich und ist zur energetischen Aufladung von Amuletten, Talismanen und Räumen geeignet. Er sorgt für eine bodenständige Atmosphäre und ist besonders für Geldmagie oder für Operationen zum Erfüllen materieller Wünsche geeignet.

Springkraut

Das Kleinblütige Springkraut gehört zur Familie der Balsaminengewächse, es ist eine einjährige, krautige Pflanze mit einer Wuchshöhe von 20 bis 60 Zentimetern. Die Laubblätter sind breit lanzettlich, spitz und gezähnt. Der traubige Blütenstand hat bis zu 12 gelbe Blüten. Die daraus entstehende Kapselfrucht schleudert bei Berührung ihre Samen aus.

Seine Kraft

In der Ruhe liegt die Kraft – das könnte das Motto des Springkrauts sein. So beruhigt es und lässt einem Impuls erst einmal Ruhe folgen. Dies wirkt sich positiv auf die Stimmung aus, denn auch wenn man nicht in Hektik verfällt, so kann es passieren, dass sich leicht eine gereizte Stimmung aufbaut. Um aus einer Idee eine gute, überlegte Aktion folgen zu lassen, ist dieses Kraut gewachsen.

Sein Planet ist der Jupiter, sein Element die Luft.

Räuchermagie

Für die Ruhe

Das Räucherritual ist gut geeignet für Menschen, die ungeduldig und impulsiv sind oder einfach der Hektik des Alltags entkommen wollen. Das Springkraut gibt die nötige Ruhe, gelassen ans Werk zu gehen.

Erdung im Alltag

Menschen, die sich schnell in ihrem Vorhaben verlieren und ihr eigen gesprochenes Wort nicht erfüllen können, ist eine Räucherung dienlich. Das sind im allgemeinen nicht die leeren Versprechen, also nicht die Worte der Blender, die gezielt Versprechen geben, die sie sowieso nie vorhatten zu halte. Hier sind die Menschen gemeint, die sich so von der Stimmung leiten lassen, dass sie in dem Moment glauben, sie würden dies oder jenes tatsächlich schaffen. Bei Licht betrachtet, hätten sie ein solches Versprechen nie gegeben. Das bedeutet, ein Räucherritual ist gut geeignet, um sich zu erden und den Boden unter den Füßen wieder zu spüren. Dann können wir unsere Energien sinnvoll einsetzen.

Entspannung

Räucherrituale mit dem Springkraut eignen sich auch, um Verspannungen und nervöse Unruhe zu lösen.

Auch somatisch können sich Symptome durch Verspannungen manifestieren, wie Krämpfe, Schmerzen (besonders im Nacken und am Rücken) und Verdauungsprobleme (zu viel in sich hineingefressen). Geduld ist nun gefragt, um die Möglichkeit zu erlangen, wieder am Leben teilzunehmen und Spaß und Freude an seiner Arbeit oder an seinen Freunden in der Freizeit zu finden.

Das Leben Genießen

Die Räucherung baut Feinfühligkeit auf und man findet Gelegenheit, die schönen Dinge im Leben zu genießen.

Stechpalme

Sie gehört zur Familie der Stechpalmengewächse und wird auch Winterbeere, Christdorn oder Walddistel genannt. Es gibt viel hundert Arten, bei uns wächst nur die Europäische Stechpalme. Sie ist ein immergrüner Strauch, mehrstämmig und hat eine Wuchshöhe von mehreren Metern. Die Blätter sind wechselseitig angeordnet, ledrig, dick, glänzend und dunkelgrün. Die Blattform ist elliptisch, spitz und der Rand ist gezackt, er kann auf jeder Seite bis zu sieben Stachelzähne bilden, die abwechselnd auf und ab stehen. Die doldigen, zweihäusigen Blüten sind weiß oder rötlich, sie bilden knapp einen Zentimeter große rote, giftige Steinfrüchte, die man im Winter noch an den Sträuchern findet.

Ihre Kraft

Sie bekämpft alle negativen Eigenschaften, die von hitziger und aggressiver Natur sind, z. B. Wut, Eifersucht, Neid, Rachsucht und Hass. Dagegen fördert sie das Wohlwollen und die Demut.

In alter Zeit galt sie als Wohnstätte der Waldgeister. Um das Wohlwollen der Geister zu gewinnen, brachte man Zweige an der Haustüre oder am Kamin an, damit diese Wesen sich wie zu Hause fühlen und Glück bringen.

Ihr Planet ist der Saturn, ihr Element das Feuer.

Räuchermagie

Deeskalation

Ein Räucherritual ist geeignet, Eskalation Einhalt zu gebieten und Aggressionen herunterzufahren. Es eröffnet die Möglichkeit, einen anderen Blick auf die Situationen zu werfen und Verständnis herbeizuführen. Das symbolisiert schon der alte Glaube, dass die Stechpalme vor Feuer und Blitzen schützt. Sie schützt also, wenn wir hitzköpfige Personen fürchten und deren Einsicht stärken wollen.

Liebe

Ein Liebesritual lässt sich ebenfalls damit durchführen, ein Ritual für die Liebe, für ein Miteinander, gegen Neid und Selbstsucht. Die Stechpalme macht harte Herzen weich und fördert die Einsicht.

Reinigung

Ein Reinigungsritual, besonders für die persönliche, innere Reinigung, lässt sich mit der Stechpalme zelebrieren.

Zeiten zum Räuchern

Frühling

Glück und eine positive Ausstrahlung kann mit der Stechpalme unterstützt werden. Auch die Kreativität wird gestärkt und lässt uns die Dinge, die wir beginnen, zu einem glücklichen Ende führen.

Winter

In dieser Zeit stiftet das Räucherritual Freundschaften und festigt sie. Die Stacheln symbolisieren, dass jede gute Freundschaft auch stachelig ist und niemals nur aus Harmonie besteht!

Die Anrufung der Gnome und der Elfen gelingt im Winter mit der Stechpalme gut.

Stockrose

Die Stockrose gehört zur Familie der Malvengewächse, sie ist eine zweijährige, krautige Pflanze und hat eine Wuchshöhe von bis zu über zwei Metern. Der kräftige Stängel ist stark behaart, auch die Laubblätter sind behaart und filzig und werden etwa sechs Zentimeter lang. Am oberen Ende des Stängels sitzen mehrere becherförmige Blüte in einer Ähre, sie haben sechs bis sieben Außenkelchblätter und fünf behaarte Kelchblütenblätter. Ihre Farbe reicht von rosa bis hin zu einem tiefen Rot.

Ihre Kraft

Sie ist eine Pflanze der Liebe und der Versöhnung. Außerdem ist sie eine starke Schutzpflanze, die uns darüber hinaus einen Einzug in das Reich der Geister ermöglicht.

Ihr Planet ist der Mond, ihr Element das Wasser.

Räuchermagie

Eine Räucherung kann für ein Liebesritual eingesetzt werden oder um eine Beziehung zu stiften. Außerdem schützt uns ein Räucherritual vor bösen Mächten oder unliebsamen Besuchern – im Alltag wie auch bei einer magischen Operationen.

Zeiten zum Räuchern

Frühling

Die Räucherung steigert die Lust – bei Männern wie bei Frauen. Liebes Rituale und Rituale, um die erotische Anziehungskraft zu stärken, lassen sich jetzt gut durchführen.

Wenn wir einen geliebten Menschen wieder für uns zurückgewinnen wollen, kann ein Liebesritual mit einer Räucherung unterstützt werden.

Ebenso stärkt ein Räucherritual die Fruchtbarkeit.

Ein Ritual mit der Stockrose baut im Haus und in der Wohnung eine wohnliche, gemütliche Atmosphäre auf, dabei wird eine Stimmung der Einheit zwischen den Menschen, die darin wohnen und verkehren, erzeugt.

Gute Gelegenheiten zum Räuchern

Reinigung

Die Räucherung treibt böser Geister aus; außerdem reinigt das Ritual das eigene Haus oder die Wohnung oder erzeugt eine wohnlich Atmosphäre.

Versöhnung

Brauchen wir Kraft für eine Entschuldigung oder haben wir eine peinliche Situation erlebt, so hilft uns die Stockrose, Mut zu finden. Somit können wir freier auf andere Menschen zugehen. Die Versöhnung und die Stabilisierung von Beziehungen ist eine ihrer Hauptkräfte.

Liebe

Jegliches Liebesritual lässt sich mit ihr zelebrieren, auch wenn es "nur" darum geht, Lust und Leidenschaft auszuleben.

Weiße Taubnessel

Die Taubnessel gehört zur Familie der Lippenblütler, sie ist eine ausdauernde, krautige Pflanze, ihre Wuchshöhe beträgt zehn bis 70 Zentimeter. Ihre Blätter sind gekerbt, bzw. gezähnt, haben aber keine Brennhaare, so kann sie gefahrlos angefasst werden, auch wenn sie ohne Blüten der Brennnessel zum Verwechseln ähnlich sieht. Es gibt unterschiedliche Arten von Taubnesseln, die auffälligsten sind die Weiße Taubnessel, die Goldnessel und die Purpurrote Taubnessel.

Ihre Kraft

Sie reinigt und schützt. Eine interessante Eigenschaft ist, dass sie Demut lehrt, ohne zu demütigen. Die Räucherung hat einen zarten, angenehmen Geruch.

Durch ihre Verbindung zum Mond hilft sie den Frauen und allen weiblichen Problemen, sei es Menstruationsbeschwerden, Liebeskummer oder bei der Suche nach einem geeigneten Partner. Sie ist den Frauen zugewandt und hilft ihnen besonders bei der Wahrsagerei, verbinden sich doch bei einer solchen Operation die Nachtseite des Bewusstseins mit der Intuition – eine ur-weibliche Stärke!

Ihr Planet ist der Mond, ihr Element die Luft.

Zeiten zum Räuchern

Im Frühling

Eine Räucherung mit der Taubnessel hat einen reinigend Effekt – auch auf die eigene Psyche. Sie klärt – und hilft uns, über Dinge Klarheit zu erlangen.

Im Sommer

Ein Räucherritual öffnet den Blick für andere Menschen, macht bescheiden und lässt uns mitfühlen. Vielleicht hilft sie uns, den Blickwinkel des anderen einzunehmen und zu verstehen, warum er so reagiert – oder reagieren muss.

Gute Gelegenheiten zum Räuchern

Achtung vor anderen

Die Taubnessel stärkt die Achtung vor anderen Menschen und führt uns näher zusammen. Auch in einer Gruppe ist die Verräucherung der Taubnessel eine interessante Erfahrung.

Verstärkung

Ein Räucherritual verstärkt jegliche magische Eigenschaft. Somit kann man sie zur Reinigungen, Erdung oder für das magischen Aufladen bzw. Einsegnen von Gegenständen nutzen oder einfach bei jeglichem Ritual zur Unterstützung verräuchern.

Schutzzauber

Besonders bei einem Schutzzauber verstärkt sie die Wirkung. Sie kann auch zum persönlichen Schutz bei einem Ritual verwendet werden.

Gewöhnliche Waldrebe

Die Gewöhnliche Waldrebe gehört zu den Waldreben (Clematis) und wird zu den Lianen gezählt. Sie hat verholzende, kletternde Sprossachsen, damit klettert sie an Bäume und Zäune viele Meter als Linkswinder empor und kann ganze Bäume damit zum Absterben bringen.

Ihre Kraft

Schlingpflanzen haben in vielen Märchen und Mythen eine besondere Rolle, dort treten sie oft als Individuen auf und scheinen todbringend zu sein. Langsam umwickeln sie Menschen oder Pflanzen, um sie zu erwürgen. In anderen Geschichten haben sie eine Botschaft, die sie überbringen wollen. Oft werden sie dabei zu einem unheimlichen Boten, der dem Menschen neue Möglichkeiten (z. B. zur Flucht) eröffnen. So liegen die Kräfte der Waldrebe in dem Land zwischen Wachsein und Bewusstsein.

Ihr Planet ist der Saturn, ihr Element die Luft.

Räuchermagie

Das Räucherritual eignet sich für Menschen, die gerne tagträumen und dabei versuchen, vor der Realität zu fliehen. Besonders für diejenigen, die lieber auf eine zukünftige Erlösung hoffen, als die Probleme im Hier und Jetzt anzugehen.

Die Räucherung macht angenehm wach, reißt aus Lethargie und vitalisiert.

Zeiten zum Räuchern

Im Frühling

Die Räucherung belebt und stößt uns von der Couch – die Dinge können jetzt angepackt werden. Man findet Kraft, aus einem grauen Schleier der Orientierungslosigkeit zu entkommen.

Im Winter

Loslassen ist das Motto der Räucherung, besonders bei einem schmerzlichen Verlust durch den Tod eines geliebten Menschen. Besonders für Menschen, die sich gerne in sich selbst zurückziehen und kaum wissen, wie sie mit ihrer Trauer umgehen sollen.

Bei Neumond

In einer mondlosen Nacht, am besten im späten Herbst oder in den Wintermonaten, kann man die Waldrebe für divinatorische Zwecke nutzen. Besonders bei solchen Techniken, bei denen es auf die Intuition ankommt, ist sie geeignet, wie z. B. beim Schauen in eine Kristallkugel bei Kerzenschein. Es lassen sich auch Geister oder die Elementargeister der Luft mit der Waldrebe beschwören, um Botschaften aus einer anderen Welt oder dem Jenseits zu erlangen.

Gute Gelegenheiten zum Räuchern

Die Waldrebe erdet und lässt uns guten Halt in der Realität finden ohne die Phantasie zu zerstören. Besonders wenn die Traumwelt um einen herum so übermächtig wird, dass man kaum noch selbst die Initiative ergreifen möchte.

Wegwarte

Die Gemeine Wegwarte gehört zur Familie der Korbblütler; sie ist eine ausdauernde, krautige Pflanze, ihre Wuchshöhe kann bis zu anderthalb Metern betragen. Sie besitzt eine Pfahlwurzel und hat schmale, lanzettliche Laubblätter. Auffällig sind ihre meist himmelblauen Blüten, selten sind sie auch weiß, die bis zu fünf Zentimeter im Durchmesser groß werden können. Die Kulturform der Pflanze ist unser bekannter Chicorée, zur Gattung Wegwarte gehört auch der Endivie.

Nach einer alten Legende hat eine Braut mit ihrer Hofdame auf ihren Bräutigam gewartet, der als Kreuzritter in den Krieg gezogen war. Als der untreue Ritter aber nicht mehr zurückkehrte, verwandelte sich die beiden Frauen in die Wegwarte – die Hofdame in die blaue, die Braut in die weiße Blume.

Ihre Kraft

Sie vertreibt schlechte, melancholische Stimmung. Schon die alten Ägypter haben sie als Heilpflanze eingesetzt, so kann man es in alten Papyri nachlesen. Auch die Germanen nutzten sie als Zauberpflanze, um Erfolg bei allen Unternehmungen zu haben und sogar um unverwundbar und unsichtbar zu werden.

Außerdem soll sie gegen Blitze schützen – somit schützt sie vor übermäßig hitzigem Temperament und kühlt die Gemüter und sorgt für eine ausgeglichene Stimmung.

Ihr Planeten ist der Merkur, ihr Element die Erde.

Räuchermagie

Ein Räucherritual stärkt unsere Widerstandskraft vor Anfeindungen im Alltag. Sie stärkt unser Selbstbewusstsein, dies überträgt sich auch auf unsere Mitmenschen, somit steigen wir in ihrer Achtung und werden mit Respekt begegnet.

Das Räucherritual befreit, denn nach altem Glauben kann die Wegwarte Fesseln sprengen. Auch die eigenen Fesseln, die in unserer Person liegen, lassen sich durch eine Räucherung besser lösen und neue Wege zeigen sich auf.

Allein schon aus der Legende ihrer Entstehung gehört sie zu den Liebespflanzen und wird zu Liebesritualen und Partnerrückführungen verwendet. Bedenke bei einer zerbrochenen Liebe stets, dass der Schmerz vergehen wird und Du vielleicht schon bald einen Partner finden wirst, der Deiner Seele viel stärker verbunden ist!

Zeiten zum Räuchern

Im Frühling

Eine Räucherung unterstützt jegliche Art der Heilung, besonders das Heilen von Wunden seelischer Krankheiten und von Depressionen.

Im Herbst

Besonders in den Abendstunden ist die Wegwarte als Orakelpflanze wirksam. Ein Räucherritual kann Wahrträume hervorrufen, wenn man sie abends vor dem Zubettgehen verräuchert.

Ein Wort zum Schluss

Räuchern hat bei allen Völkern seit jeher eine lange Tradition und wurde und wird ganz unterschiedlich genutzt: zum Heilen, zum Reinigen, zur Meditation, um den Kontakt zu Geistern und Engeln zu schließen oder um ein magisches Werk zu begleiten – eine Räucherung darf fast nie fehlen. Das Feuer – diese Naturgewalt – löst die Duftstoffe aus dem Räucherwerk heraus und ebnet uns den Weg, magisch zu arbeiten und unser Ziel zu erreichen. Die Düfte des Rauches gelangen direkt in unsere Gefühlswelt und können nicht von unserem Verstand zensiert werden. Deshalb können wir – wenn wir bereit sind – in kürzester Zeit einen Kontakt zur magisch-mystischen Welt schließen. Die Räucherung ebnet uns den Weg in diese fremde und doch so nahe Dimension; der feinstoffliche Rauch und die Düfte schließen den Kontakt zwischen den Welten. Über einen solchen Kontakt werden all die magischen und wundersamen Dinge möglich, von denen wir träumen. Mit einer Räucherung hast Du ein gutes Werkzeug an der Hand, damit schaffst Du die besten Voraussetzungen für ein magisches Werk.

Wie schnell ein Kontakt geschlossen werden kann zeigt schon ein kleiner Versuch. Versenke Dich in Mediation und lasse bei einer Räucherung den Gedanken freien Lauf – Deine Imaginationskraft bekommt Flügel wie bei kaum einer anderen Methode. Bilder, Gedanke und Botschaften erreichen uns – vielleicht sogar aus einer anderen Welt.

Das Suchen und Sammeln der Kräuter, das Vorbereiten und die Durchführen der Räucherung ist ein wundersamer Prozess, dabei erleben wir den Aufbau des Rituals von der Basis aus mit. Während dieser Vorbereitung haben wir die Möglichkeit, uns auf das Ritual vorzubereiten und uns mental darauf einzustellen. Diese Vorbereitung verstärkt die Kraft der Räucherrituale.

Es gibt zahlreiche weitere Kräuter und Pflanzen, mit denen es sich lohnt zu räuchern. Mit dieser Auswahl hast Du viele Möglichkeiten an der Hand, selbst zu experimentieren und eigene Räucherrituale zu entwickeln. Mit einem Räucherritual ist es wie mit jeder anderen Kunst, man muss sich ein wenig hineinfinden und seine eigenen Techniken entwickeln. Mit der Zeit verfeinert man die Methoden und kommt zu ganz eigenen Schlüssen. Ein Falsch oder Richtig gibt es nicht, der Erfolg wird Dir Recht geben.

Kleines Wörterbuch

einjährige Pflanze: von der Keimung bis zum Ausbilden des Samens dauert es ein Jahr (= eine Vegetationsperiode). Danach stirbt die Pflanze ab.

zweijährige Pflanze: von der Keimung bis zum Ausbilden des Samens dauert es zwei Jahr. Danach stirbt die Pflanze ab.

mehrjährige Pflanze: von der Keimung bis zum Ausbilden des Samens dauert es mehre Jahre. Danach stirbt die Pflanze ab.

ausdauernd: die Pflanze wird mehrere Jahre alt; sie bildet jedes Jahr Früchte aus.

ährig: die Blüten wachsen direkt am Stängel.

buchtig gekerbt: buchtförmige, abgerundete Einkerbungen.

Dolde: die Hauptachse der Pflanze verzweigt sich, die Nebenachsen tragen die Blüten, so dass alle Blüten auf der gleichen Höhe liegen.

Doppeldolde: an den Seitenzweigen stehen keine Blüten sondern weitere Dolden.

gefiedert: in mehrere Blätter aufgeteilt (z. B. die Laubblätter der Rose)

gegenpaarig: die Blätter stehen sich direkt gegenüber.

gesägt: der Rand der Blätter hat spitze Zacken.

gezähnt: ähnlich wie gesägt, doch mit abgerundeten Einschnitten zw. den Zähnen.

Korbblütler: Viele Einzelblüten sind zu einem Gesamtblütenstand zusammengefasst, umgeben von Hüllblättern.

Kreuzblütengewächs: vier Blütenblätter stehen symmetrisch als Kreuz.

lanzettlich: ähnlich einer Lanzette, spitze, schmale Blätter

verkehrtlanzettlich: die Blätter sind am Stamm spitz und laufen dann auseinander

eilanzettlich: spitz zulaufend, aber runder, eiförmig

krautig: die Pflanze verholzt nicht, also nicht wie der Stamm eines Baumes.

Rhizom: (dt.: eingewurzeltes) Sprossachse, aus dem die Pflanzen sprießen und sich so auch vermehren können. Aus dem R. wachen manchmal (Giersch) die eigentlichen Wurzeln.

Rispen: strak verzweigter Blütenstand (z. B. Weintrauben)

Schirmrispe: Die Blüten stehen auf einer Ebene und bilden eine Wölbung (z. B. Holunder)

traubig: die gestielten Blüten stehen seitlich an der Sprossachse. (Weintrauben bilden übrigens keine traubige Blüten sonder Rispen!)

wechselständig: Die Blätter stehen alle auf unterschiedlicher Höhe.

zweihäusig: an einer Pflanze befinden sich nur männliche bzw. weibliche Blüten.

Von Tamara Hayndal bereits erschienen

Heilkräuter – Tees aus dem Garten der Natur
ISBN-13: 978-3848227730

Handbuch für Hexen – Anleitung zur magischen Praxis
ISBN-13: 978-3842380110